VATER

Fabian
Zapatka

KERBER PHOTO

„Ein Mienenspiel auch das, aber ungleich scheuer in seiner Natur."

von

Eckhart Nickel

Der Schauspieler Manfred Zapatka betrat die Bühne meines Lebens in jener idealen Phase absoluter Beeindruckbarkeit, die jugendlichen Leichtsinn mit ersten Anzeichen gedanklicher Schwermut vereint. Das Stück, in dem ich zum ersten Mal Zeuge seines herausragenden Spieles war, passte zu diesem Schwebezustand wie die Faust aufs Auge. Denn es ging, sportlich gesehen, um „den unerklärlichen Ringkampf zweier Menschen", wie Bertolt Brecht in der Vorrede zu „Im Dickicht der Städte" schreibt. Das perfekte Stück für eine verschworene Bande Oberstufenschüler, die sich „Stadtfräcke" nannte und ins Theater ging, um das wahre Leben zu sehen, das ihnen überall sonst vorenthalten wurde, ob zu Hause oder in der Schule. Wir liebten damals alles am Schauspiel Frankfurt, vom Glasfoyer mit den Goldwolken des ungarischen Künstlers Zoltán Kemény über die wie perfekt kuratierte Kataloge gestalteten Programmhefte bis zum Pausensekt, um das Publikum auszuchecken. Wir konnten nicht genug bekommen von den tanzenden Staubkörnchen im Scheinwerferlicht der Bühne, deren Akteure, wenn sie Teil des Ensembles waren, bald so vertraut schienen, als seien sie alte Bekannte, die man nach einer Weile endlich mal wiedersieht. Aber zurück ins Dickicht der Städte. Da spielten sich zwei Giganten an die Wand: Lambert Hamel als Holzhändler Shlink, der den Malaien als subtile Mischung aus Charlie Chan und Mephisto von Sezuan darstellte. Und Manfred Zapatka, der George Garga, den Angestellten einer Leihbücherei, wie eine gebrochene Dichterfigur inszenierte, zunächst „sachlich und trocken", wie Brecht es verlangte, um später zum aufbrausenden Strizzi zu degenerieren, der mit immer brutaleren Methoden den Kampf zu gewinnen sucht – und trotzdem verliert. Brecht legte Garga als Genie an: „Eine gewisse Überlegenheit, kindlicher Zynismus, Lässigkeit!" Wie liebten den Garga von Zapatka auch deswegen, weil er all das perfekt verkörperte, was wir zu sein suchten. Und in Chicago sahen wir, wie Brecht, die Stadt an sich. „Die ihre Wildheit zurück hat, ihre Dunkelheit und ihre Mysterien." Chicago war Frankfurt. Und alles, von der Familie über „Religion, Philosophie, Kunst, Rauchen, Rausch" bis zur Arbeit waren nur „Mittel (Moyens)" gegen das Gefühl der Einsamkeit. „Die Angst des Menschen, allein zu sein", ist so groß, dass alles, was er macht, „von seiner unsäglichen Verlassenheit auf dem Planeten, seiner winzigen Bedeutung" ablenken soll. Was der junge Brecht in sein Tagebuch aus den Jahren 1920-22 beim Verfassen des Dickichts notiert, nahmen wir gierig auf, um im Theaterkeller Fundus direkt in den Städtischen Bühnen das Ende des Stückes zu diskutieren. Warum gewinnt Shlink am Ende gegen den Punktsieger Garga, indem er sich mit Gift umbringt, obwohl er am Anfang einfach nur dessen Meinung zu einem Buch kaufen möchte? Als ich Jahre später über die konkrete Poesie der Beiläufigkeit in den Aufnahmen des Fotografen Fabian Zapatka zu staunen begann, war das eine doppelte Rückkoppelung. Der Familienname, der auch ein Ausruf in der Sprechblase eines Tintin-Comics sein könnte, erinnerte mich zwar sofort an die Abende mit der raumfüllenden Präsenz des Schauspielers im Theater, aber der Charakter der Fotografien ging eher in die entgegengesetzte Richtung: Vorsicht, Achtsamkeit und Andeutung. Ein Mienenspiel auch das, aber ungleich scheuer in seiner Natur. Dieser Eindruck vertiefte sich, als ich Fabian Zapatka persönlich kennenlernte, weil wir über einen Nobelpreisträgerkongress am Bodensee in Bild und Text berichteten. Es macht aber auch unbedingt Sinn, dass es sich bei den Zapatkas um Vater und Sohn handelt, denn beiden geht es im übertragenen Sinn um die hohe Kunst des Ausdrucks und der Darstellung. In diesem Buch kommt beides auf das Glückhafteste zusammen, die Theaterwelt des Vaters, den Fabian Zapatka auf den letzten Schritten als Ensembleschauspieler des Residenztheaters München von der Maske bis zum Bühnenapplaus begleitet, bevor er die Rückkehr in das Elternhaus in Cloppenburg in Bildern festhält. Und die Fotografiewelt des Sohnes, der mit seinen unaufgeregten Aufnahmen en passant die vielen Seiten der Persönlichkeit des Vaters ausleuchtet, der nun auch auf der privaten Bühne seiner Existenz ganz langsam eine noch ungekannte Hauptrolle zu verkörpern beginnt. Der berühmte Satz, den er im Dickicht als Garga so gelassen aussprach, er würde aus dem Mund des beglückten Heimkehrers nun vielleicht nicht mehr ganz so glaubhaft wirken: „Das Chaos ist aufgebraucht. Es war die beste Zeit."

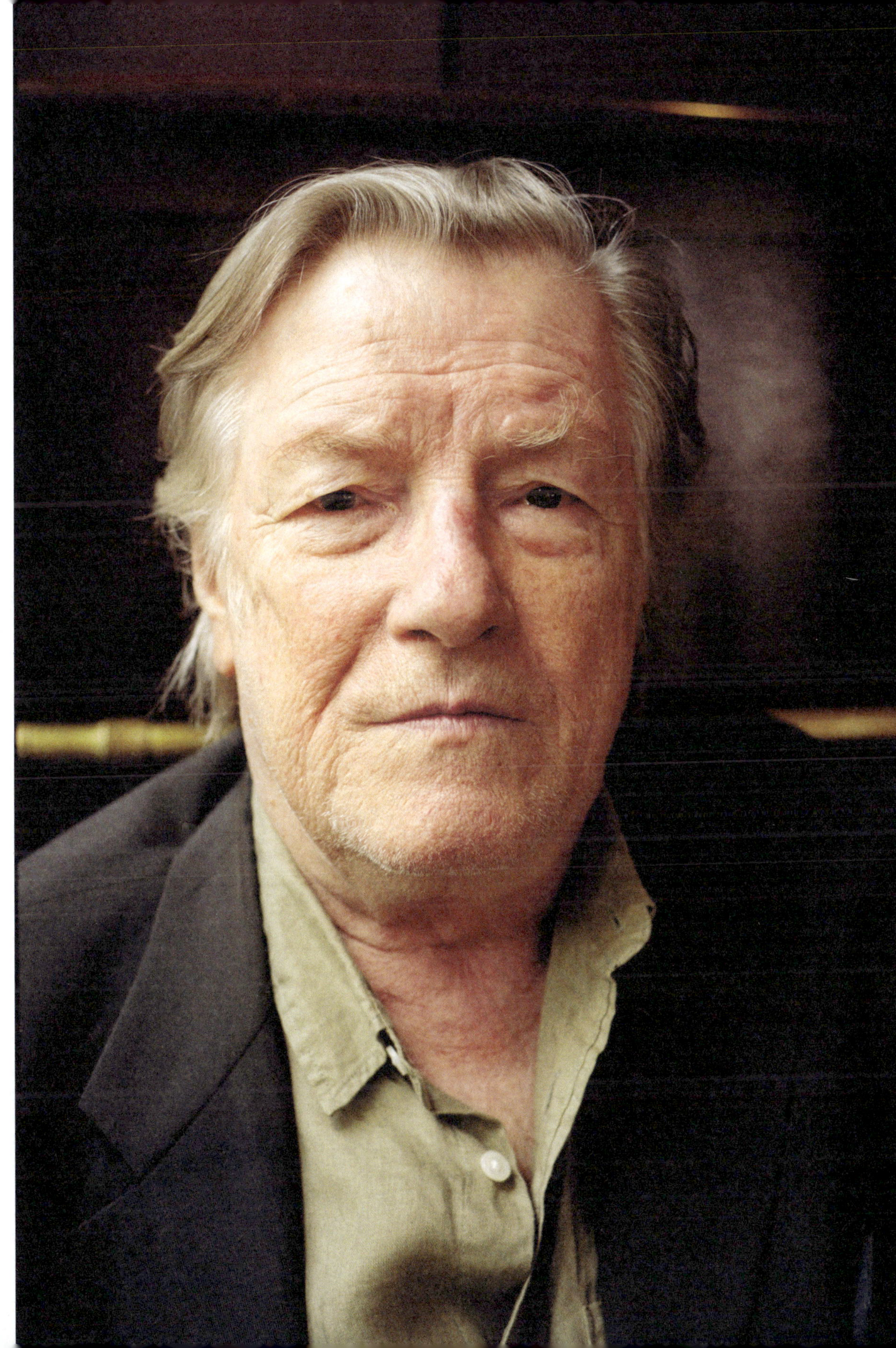

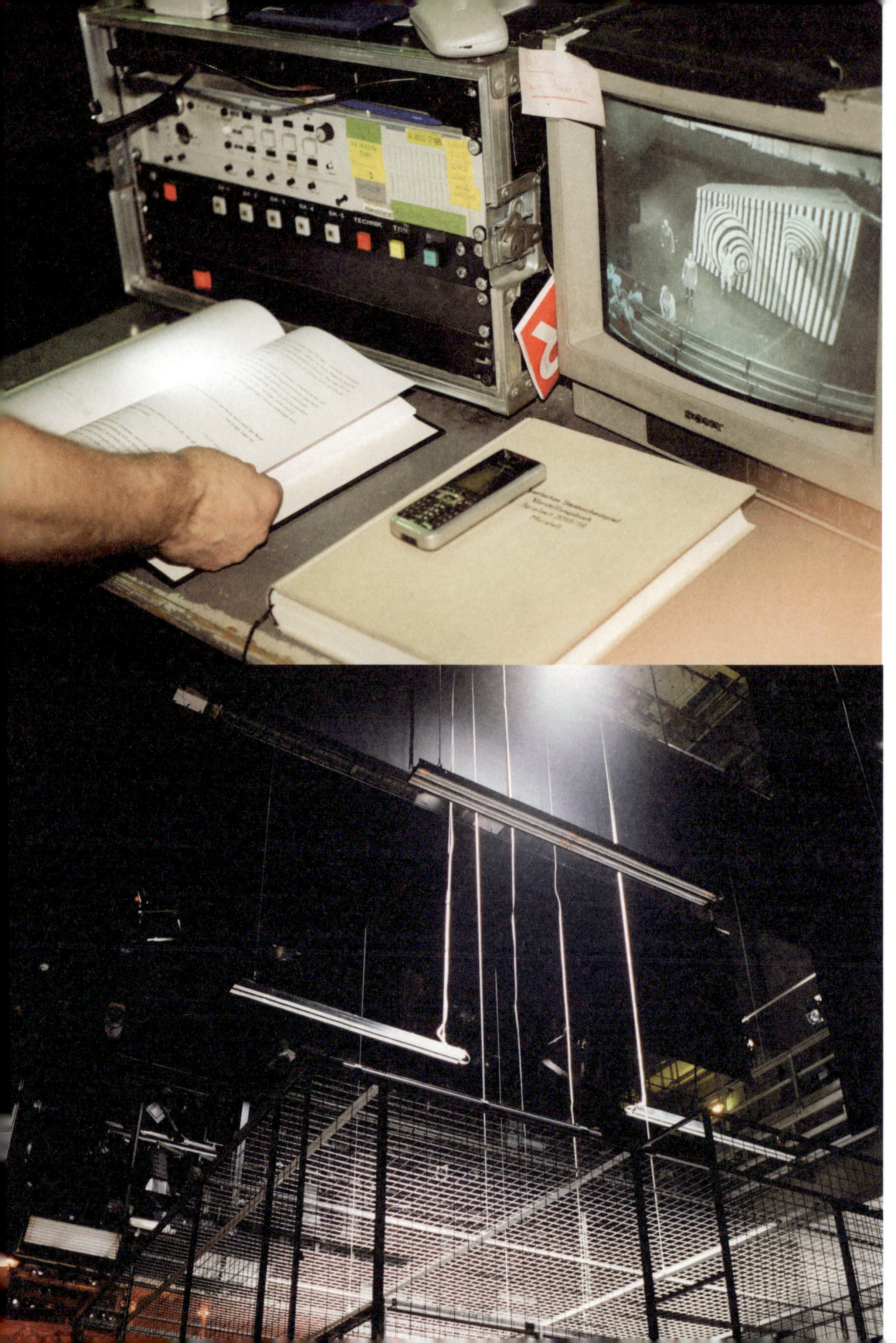

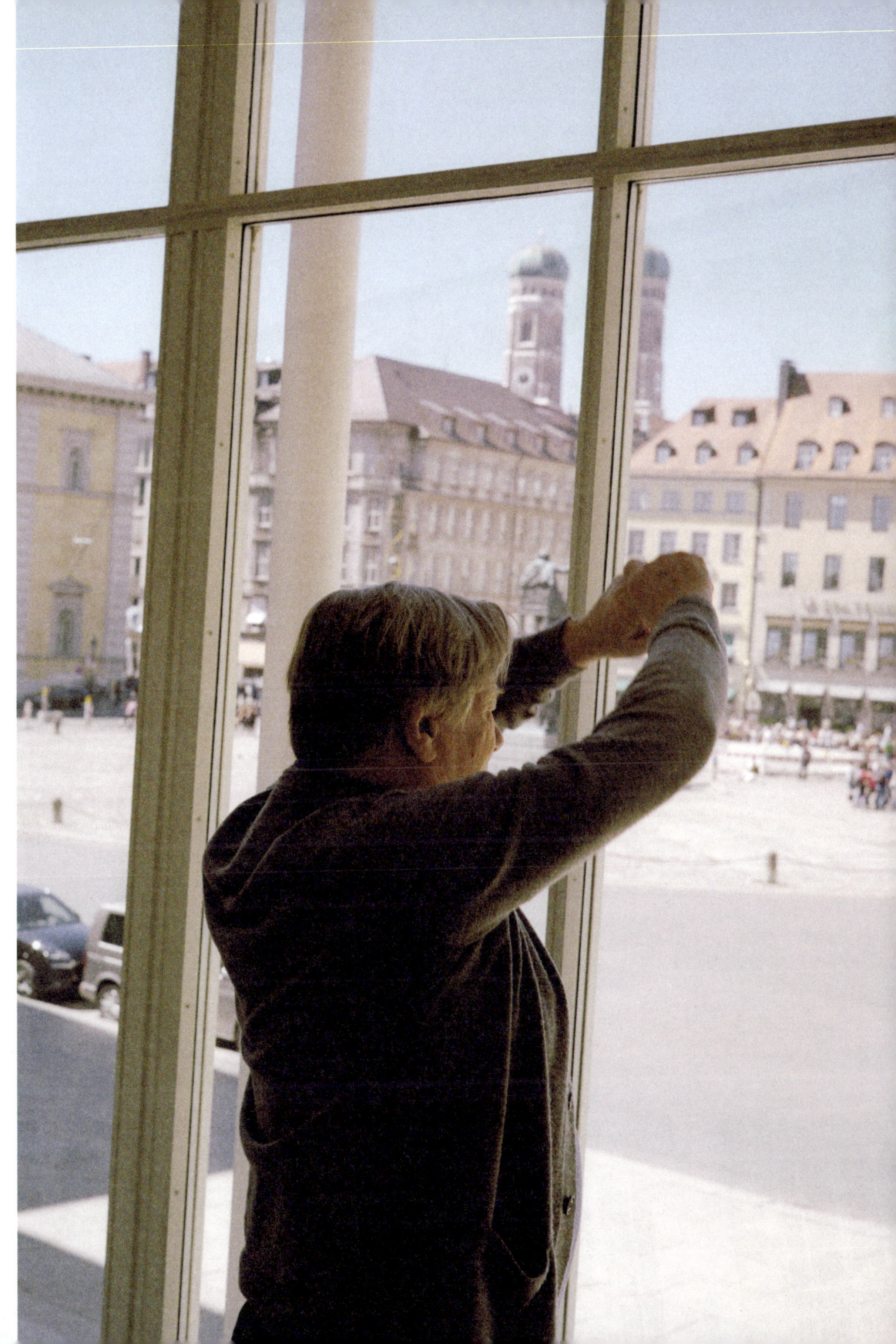

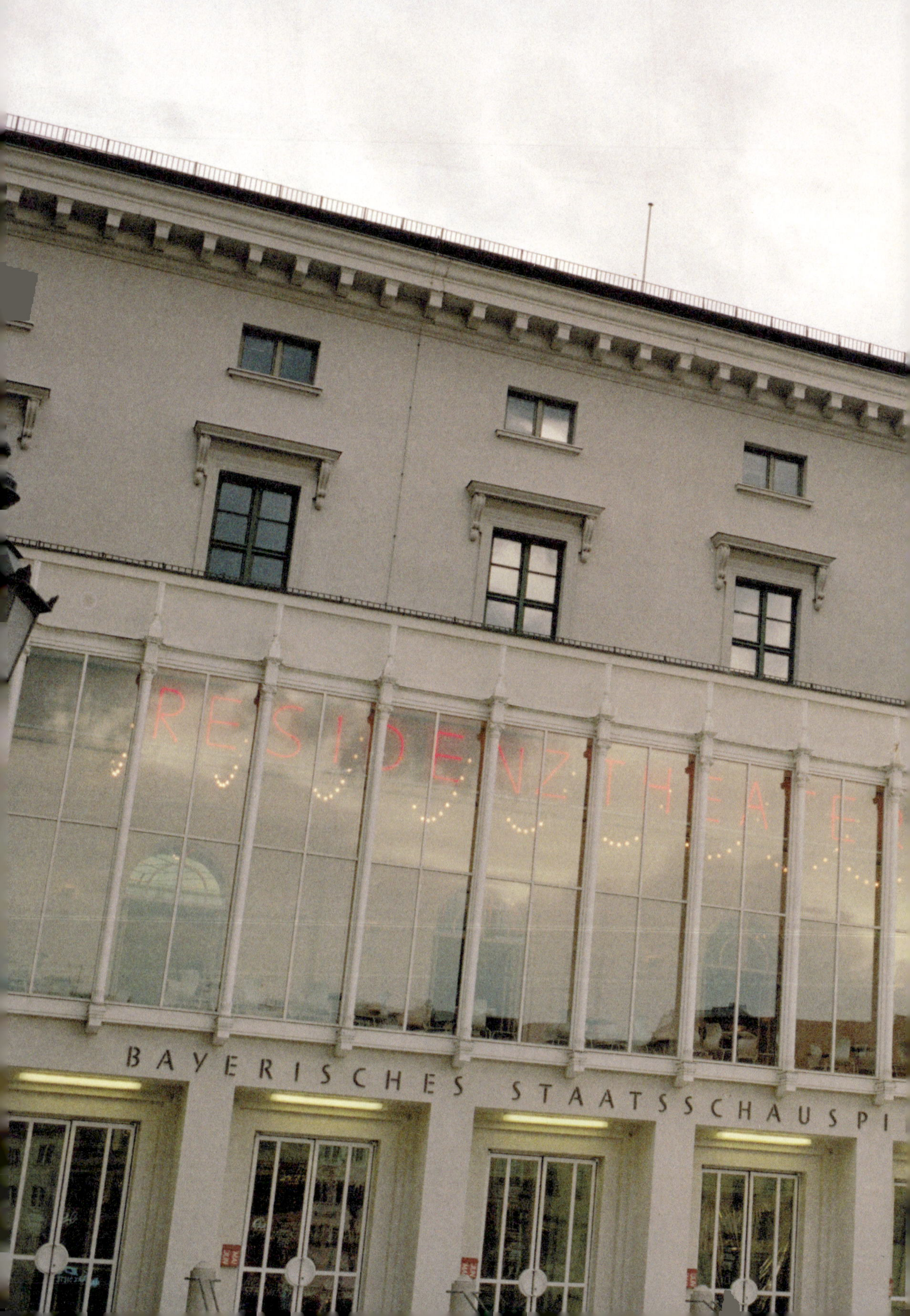
RESIDENZTHEATER
BAYERISCHES STAATSSCHAUSPI

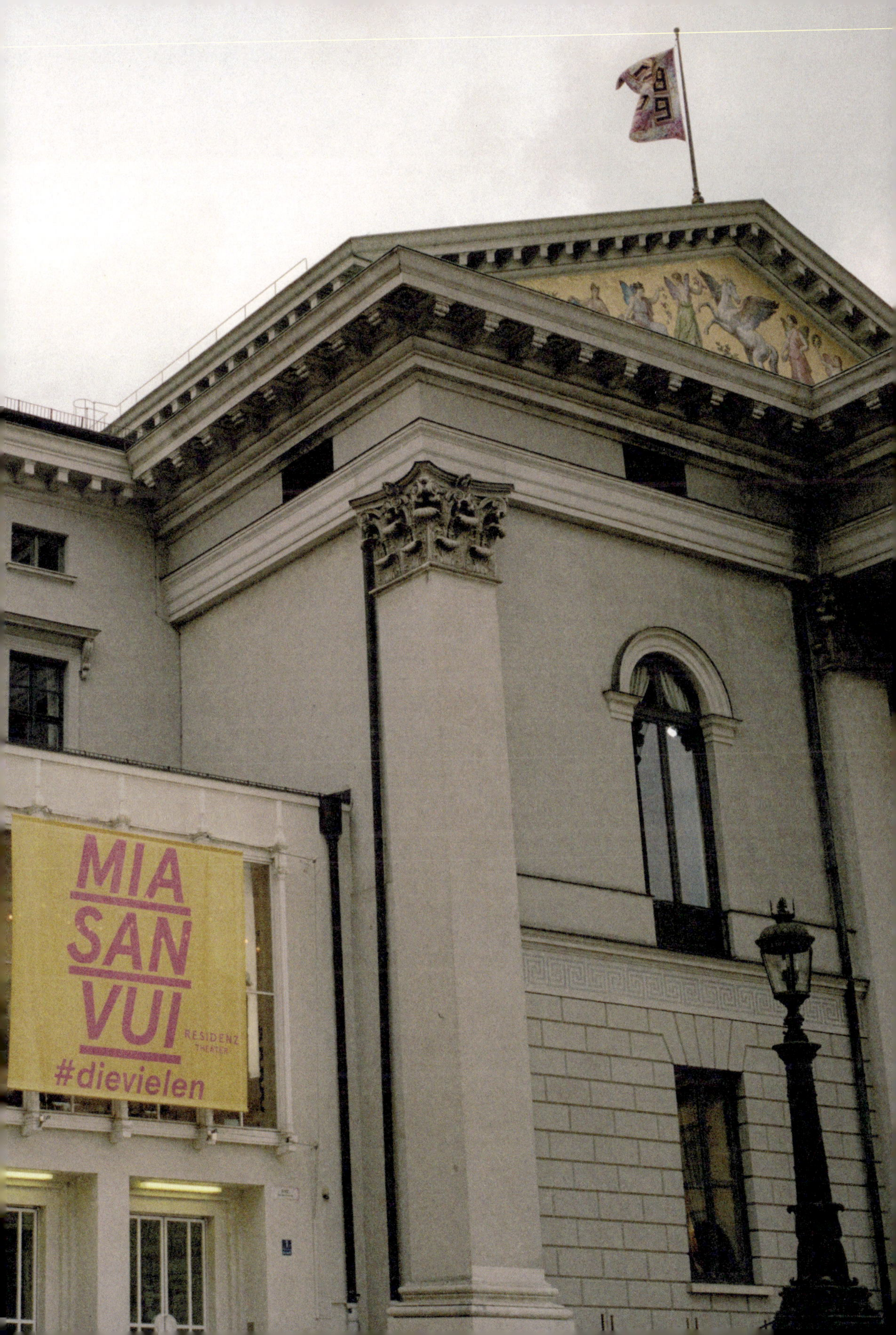
MIA
SAN
VUI
RESIDENZ THEATER
#dievielen

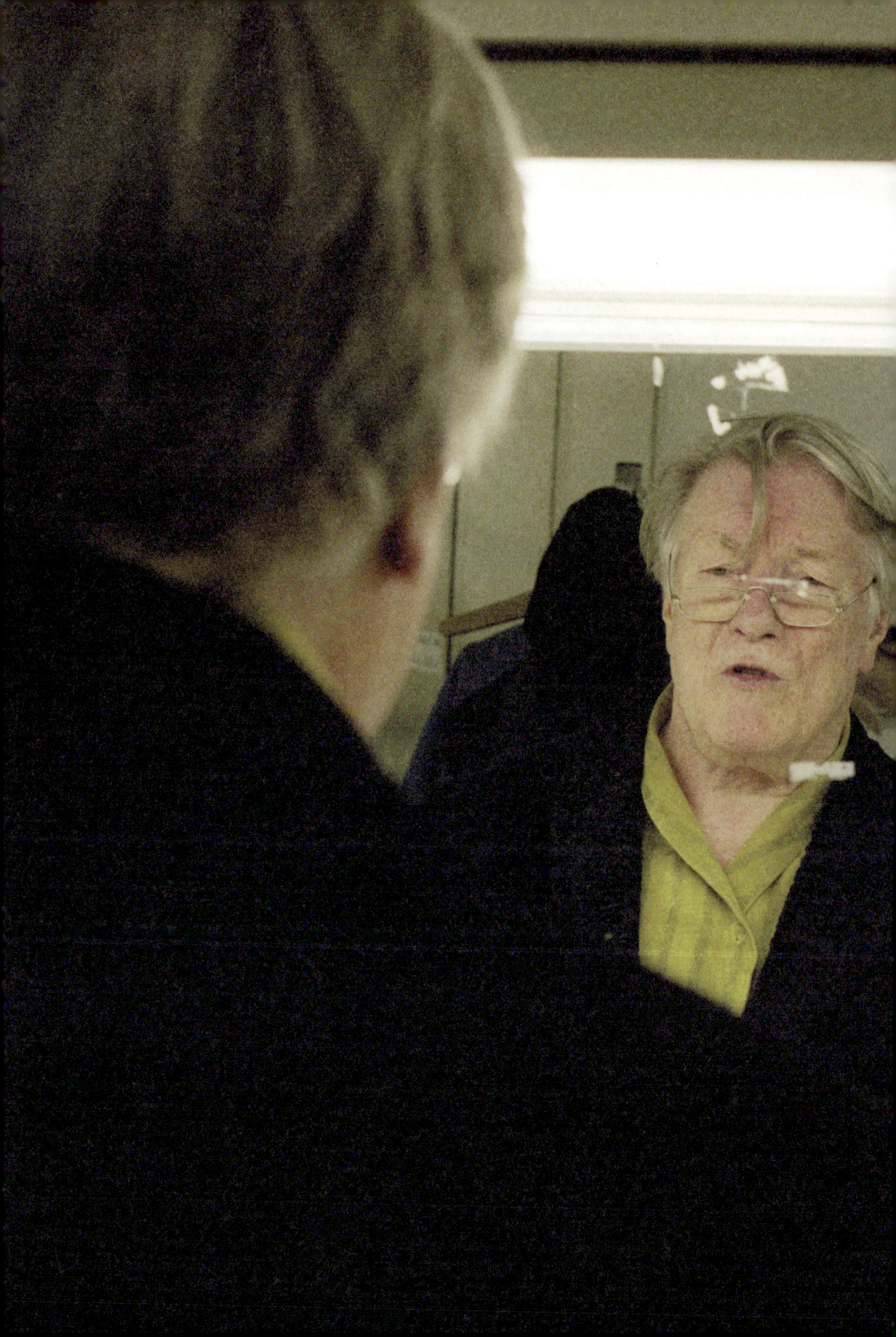

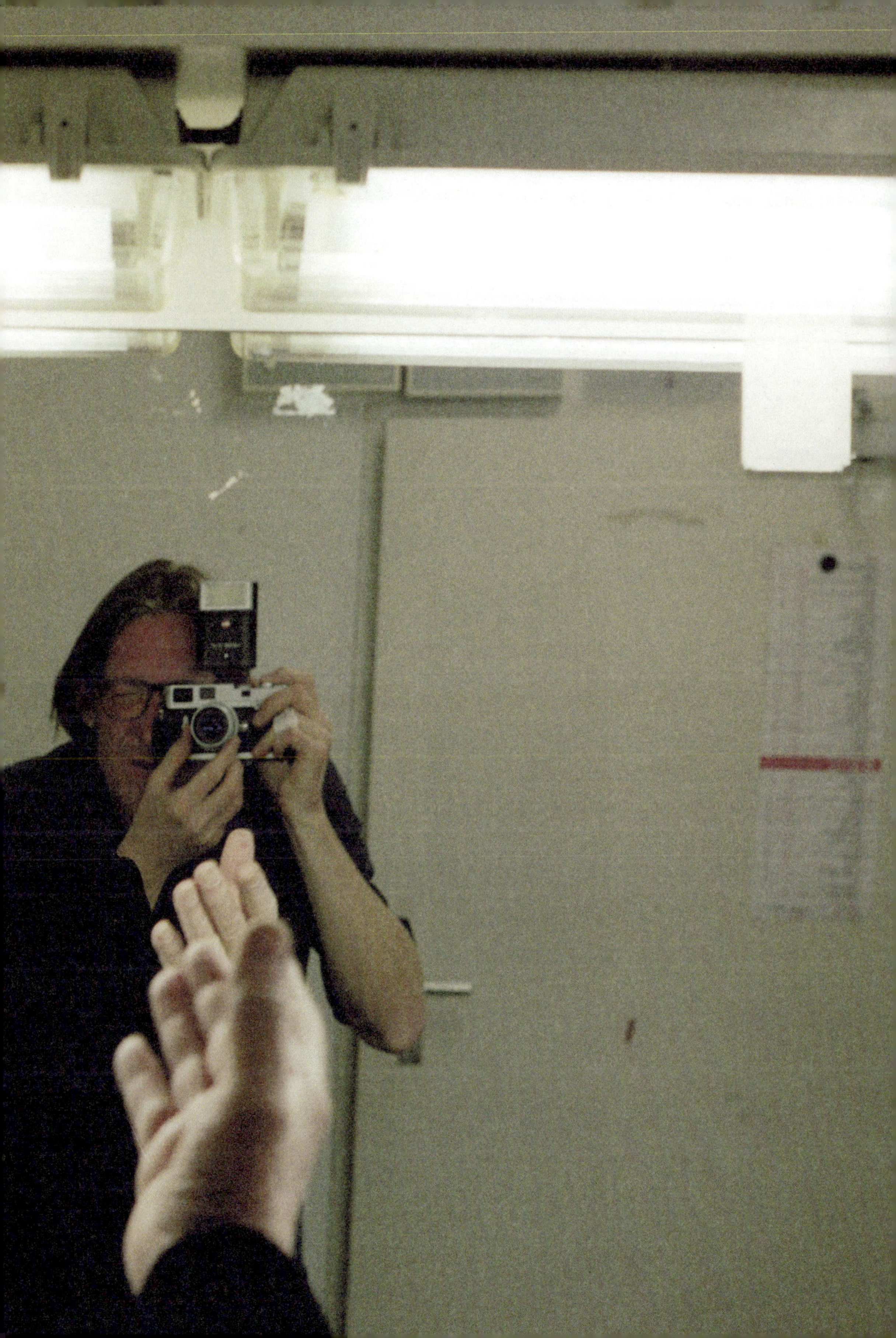

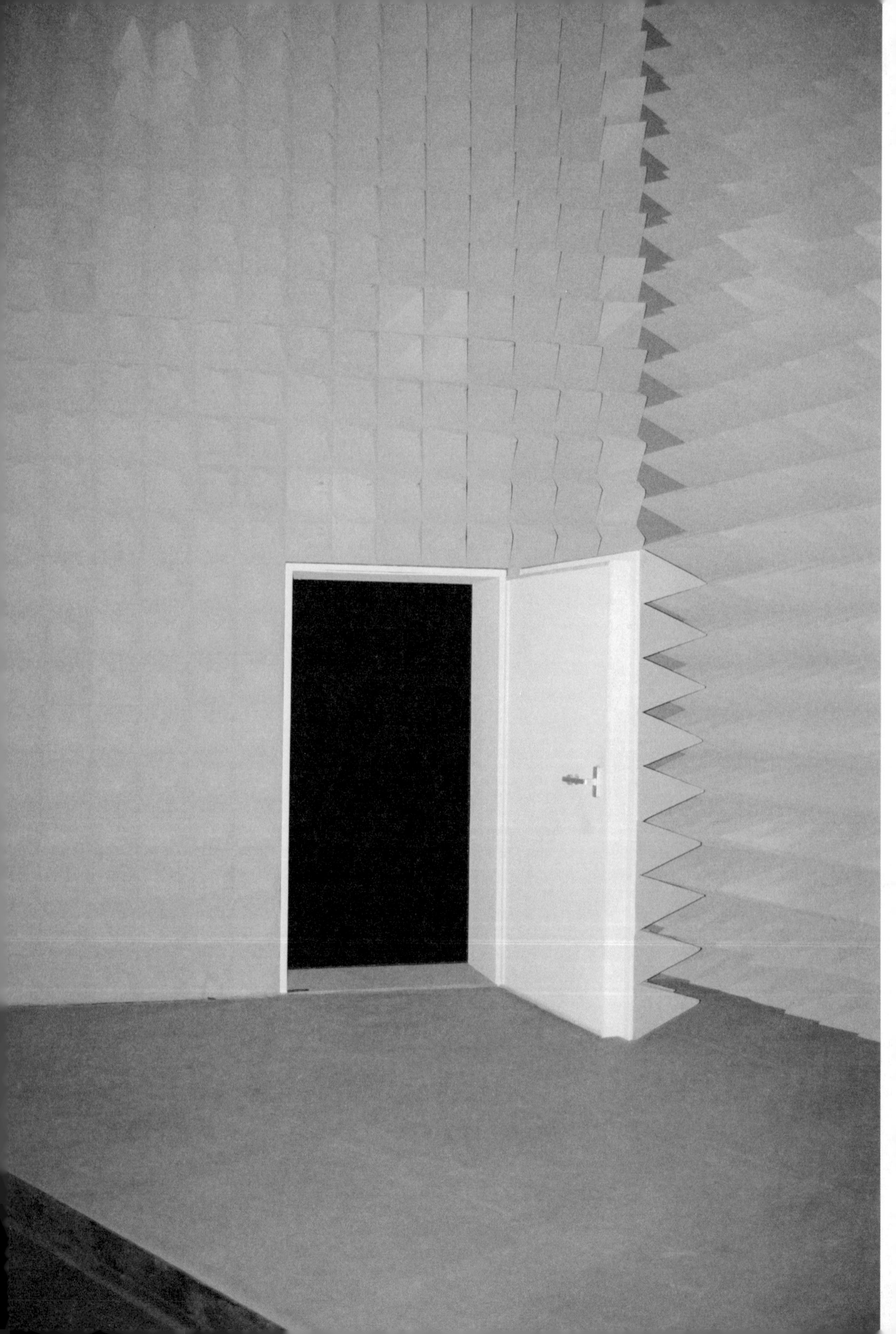

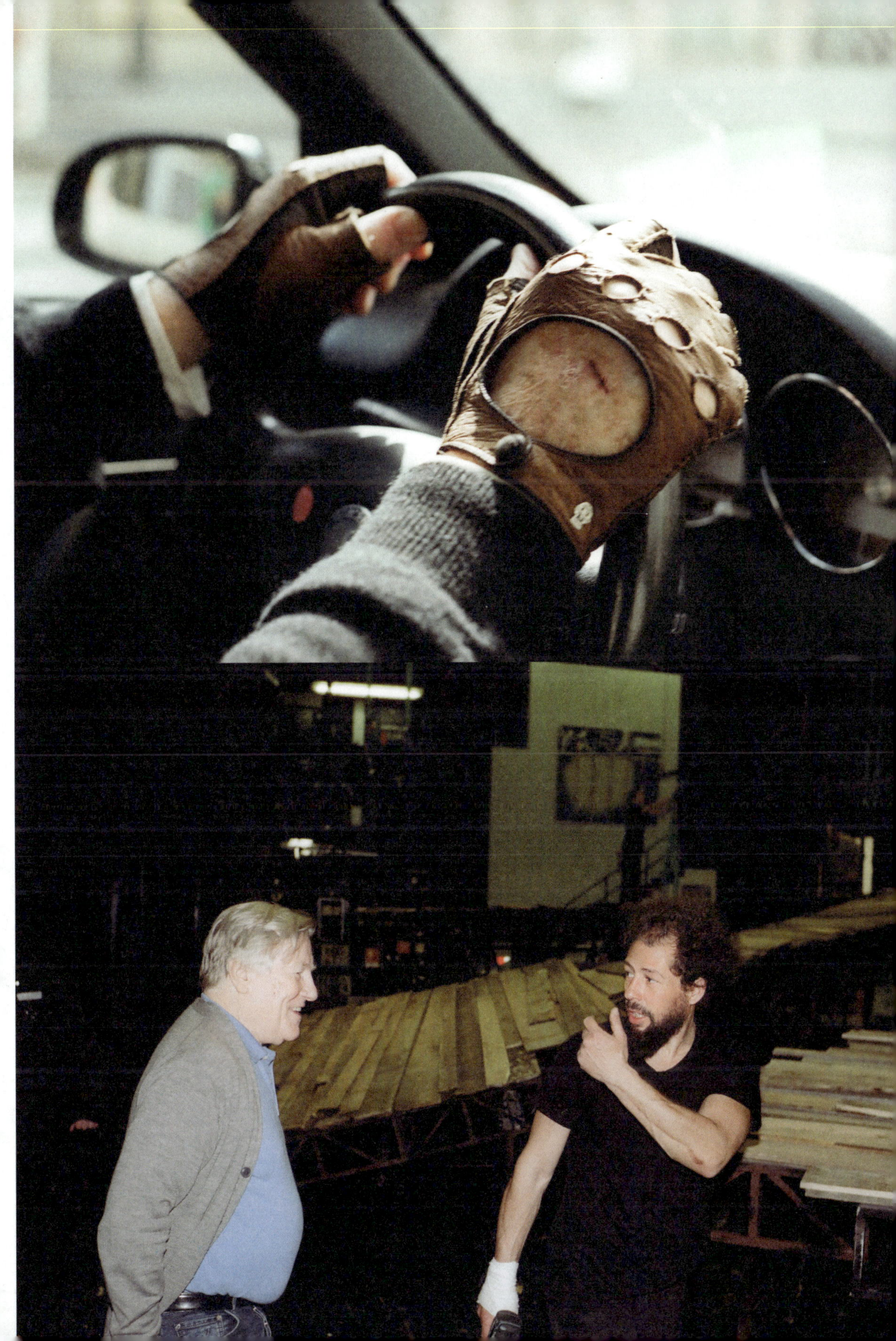

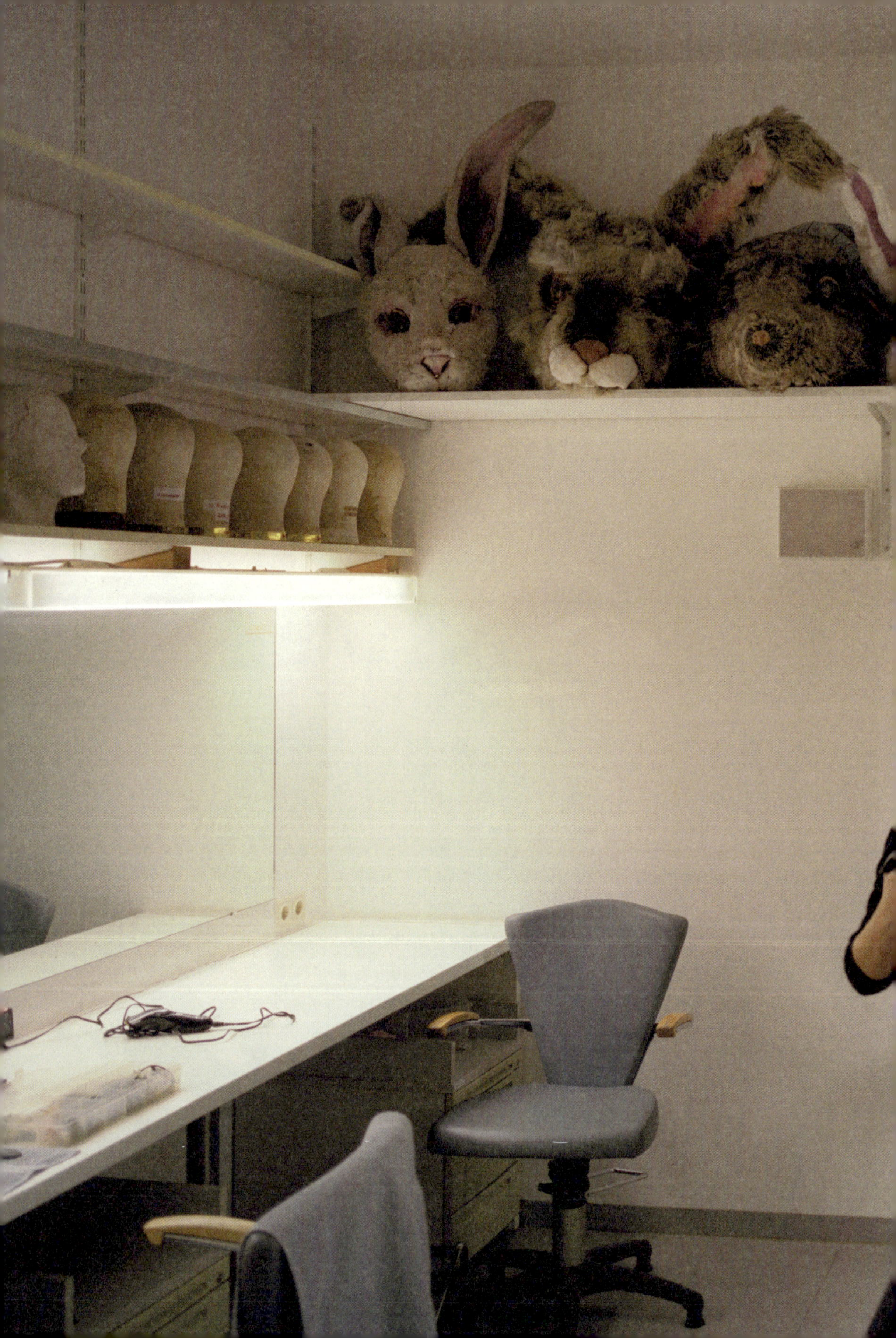

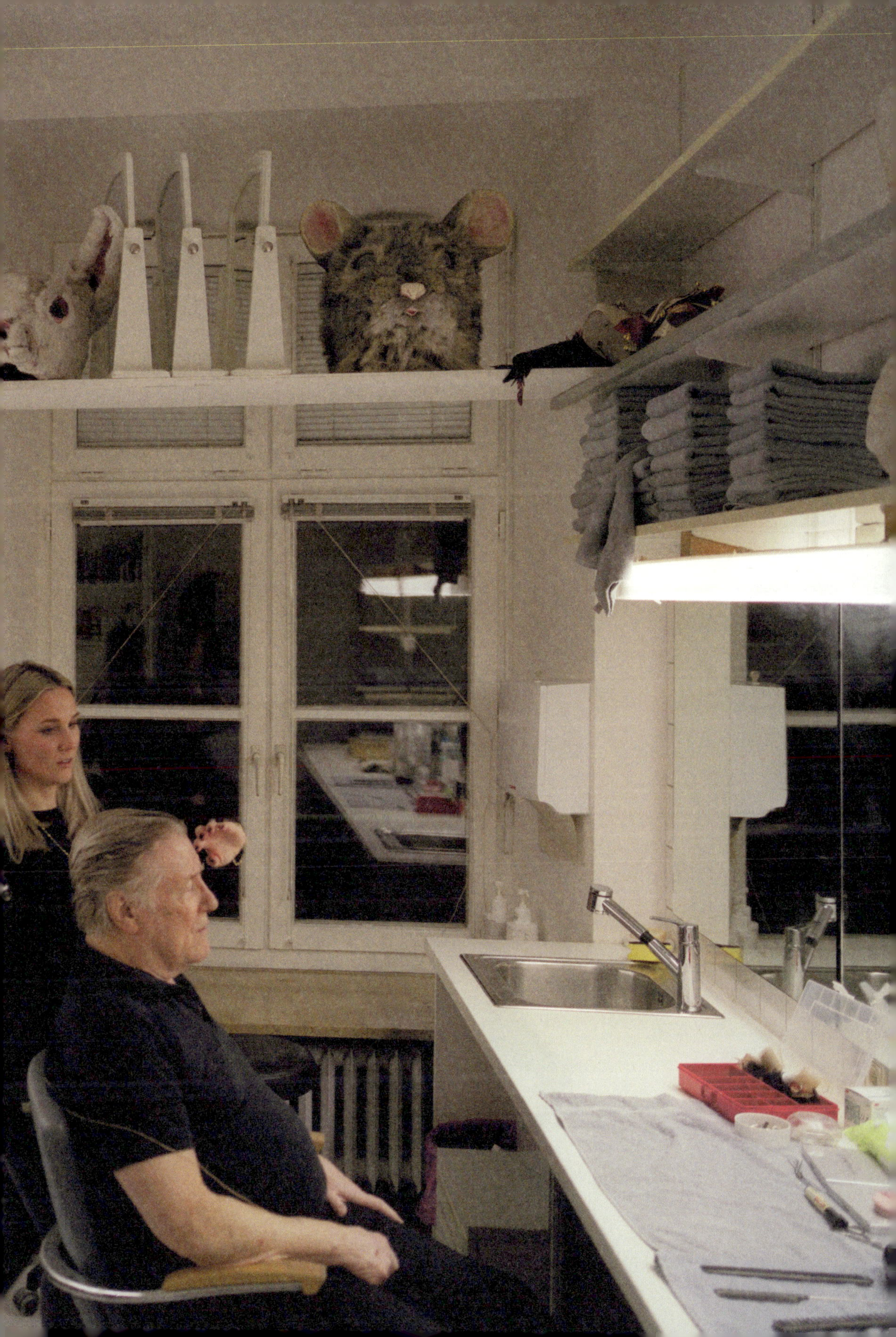

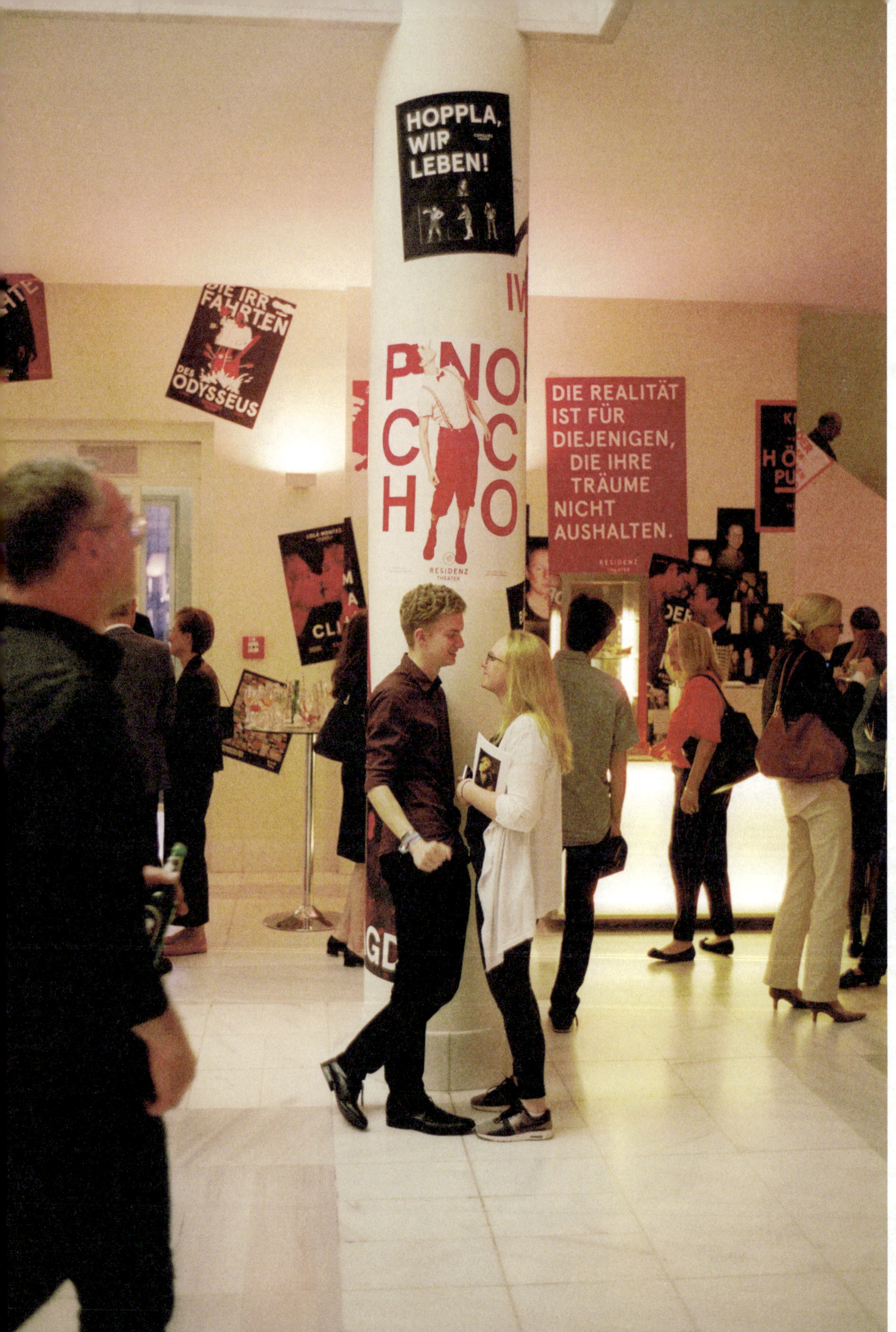

HOPPLA, WIR LEBEN!
DIE IRR FAHRTEN DES ODYSSEUS
P NO
C C
H O
RESIDENZ THEATER
DIE REALITÄT IST FÜR DIEJENIGEN, DIE IHRE TRÄUME NICHT AUSHALTEN.

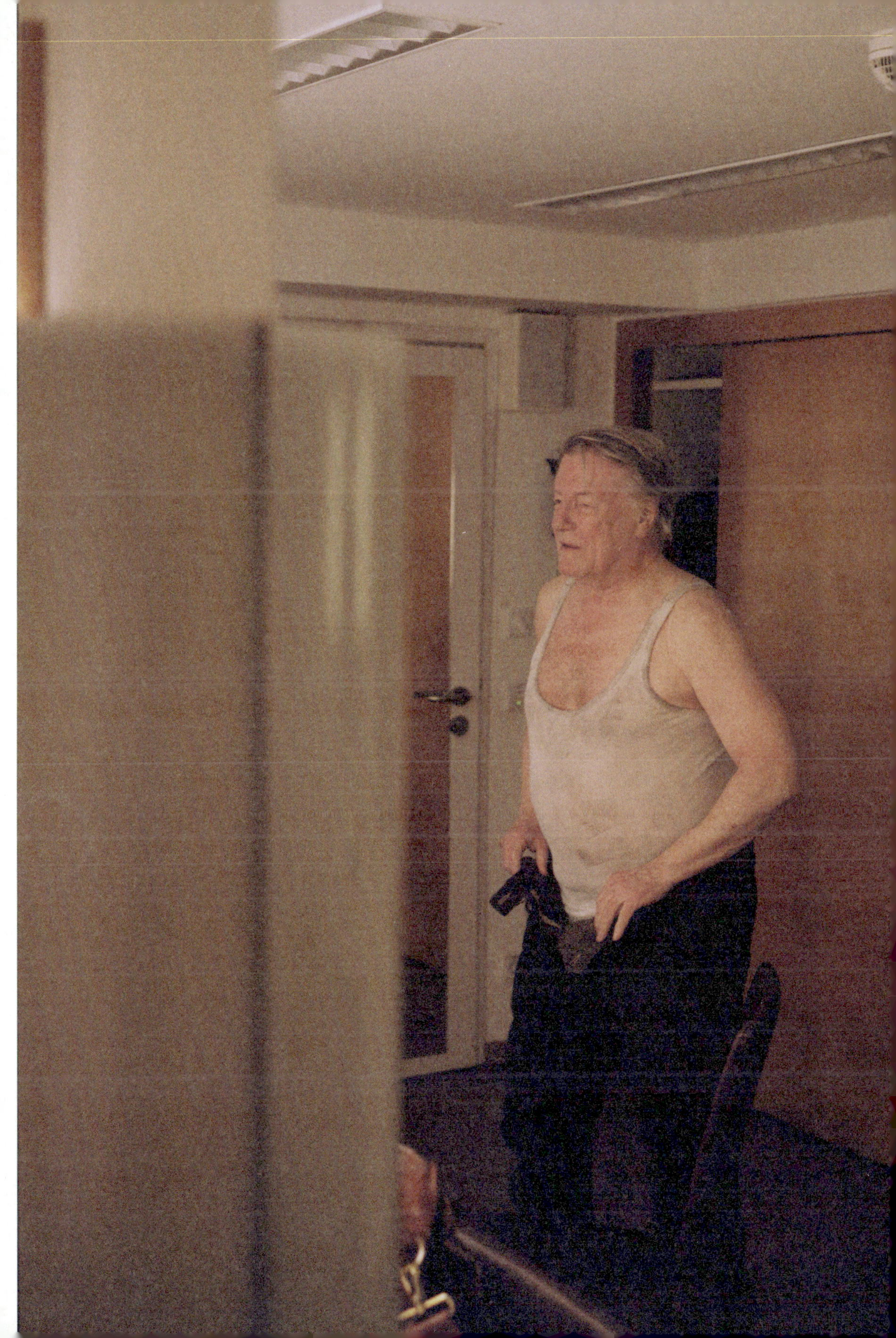

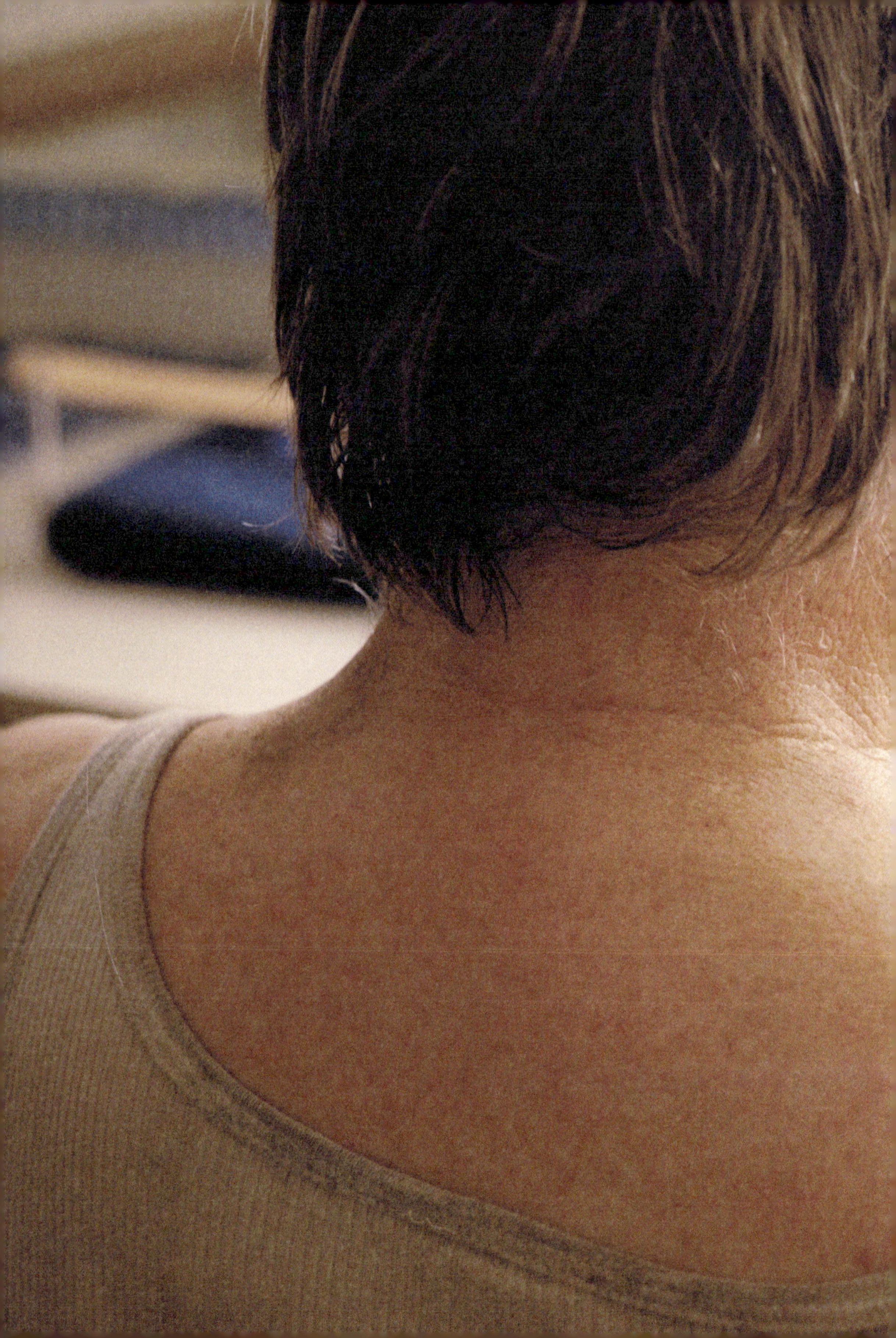

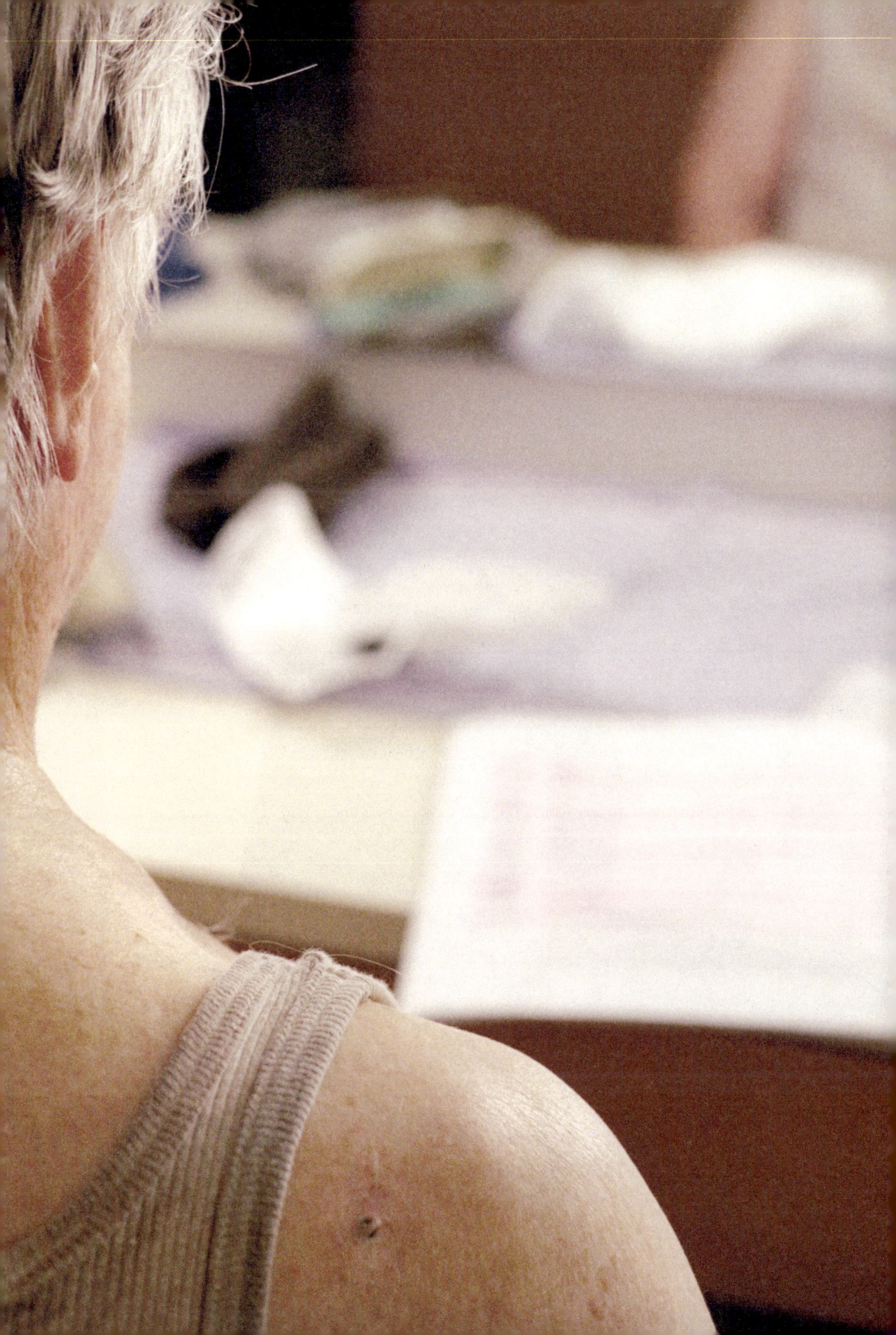

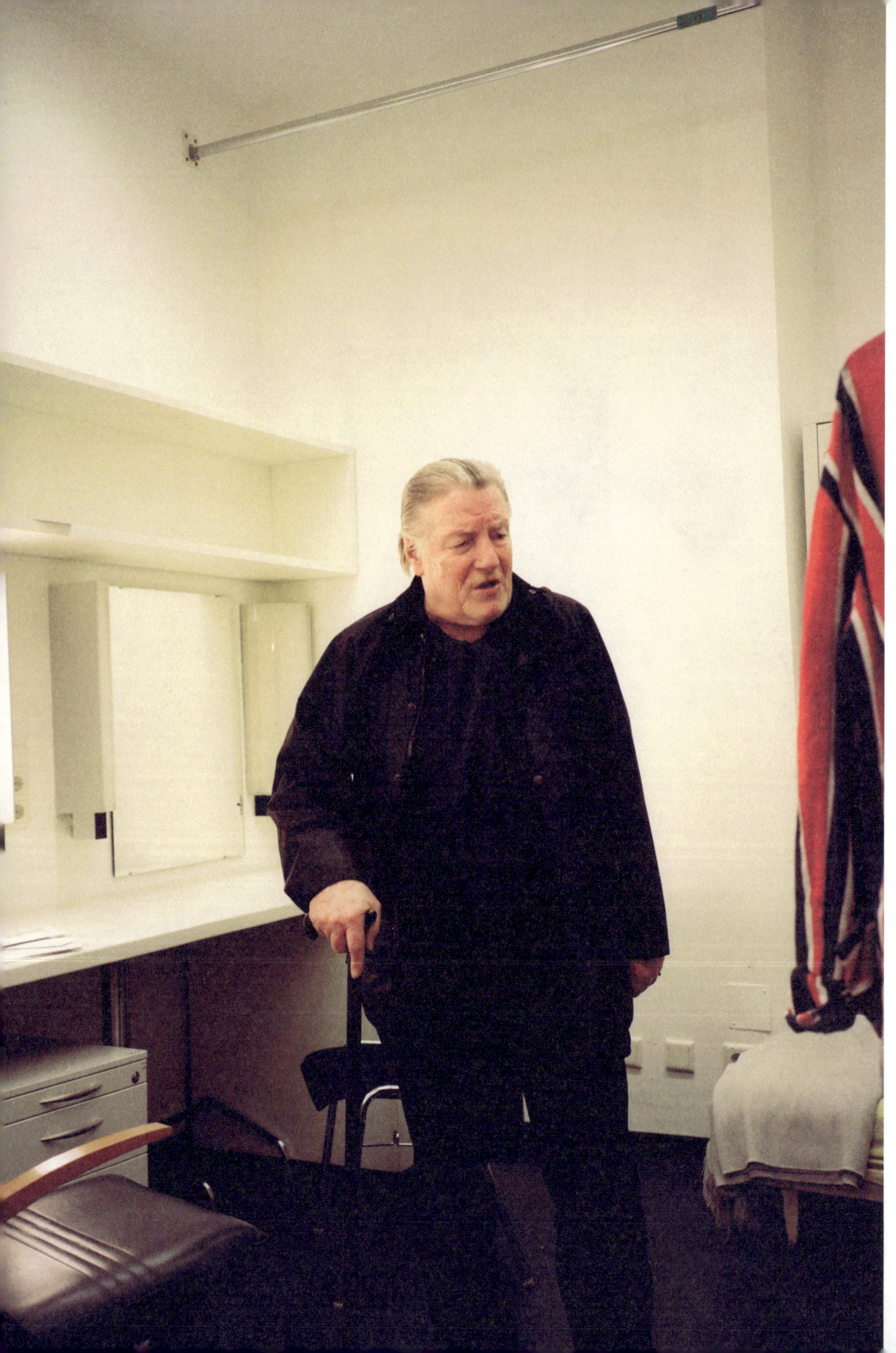

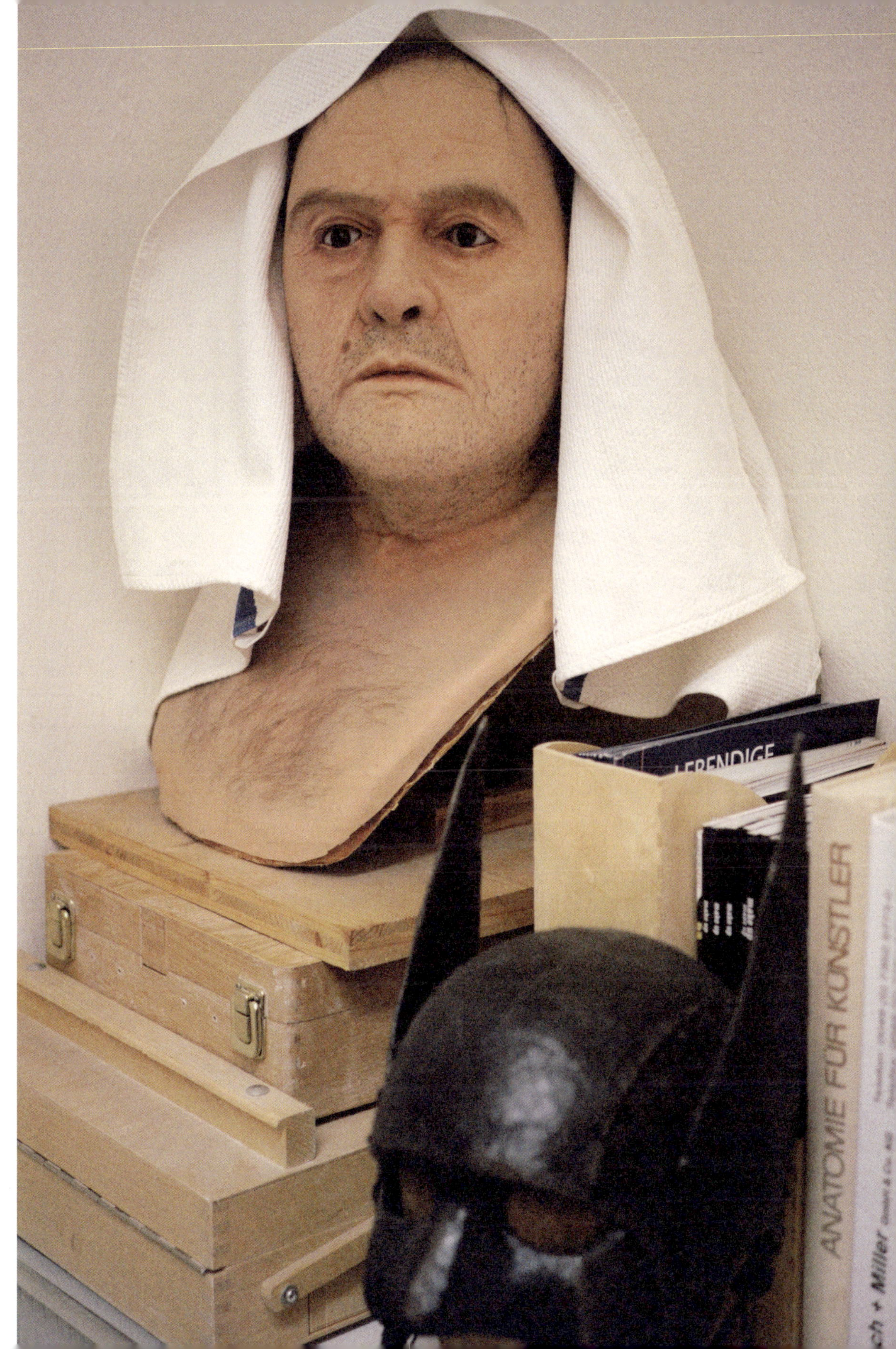
ANATOMIE FÜR KÜNSTLER

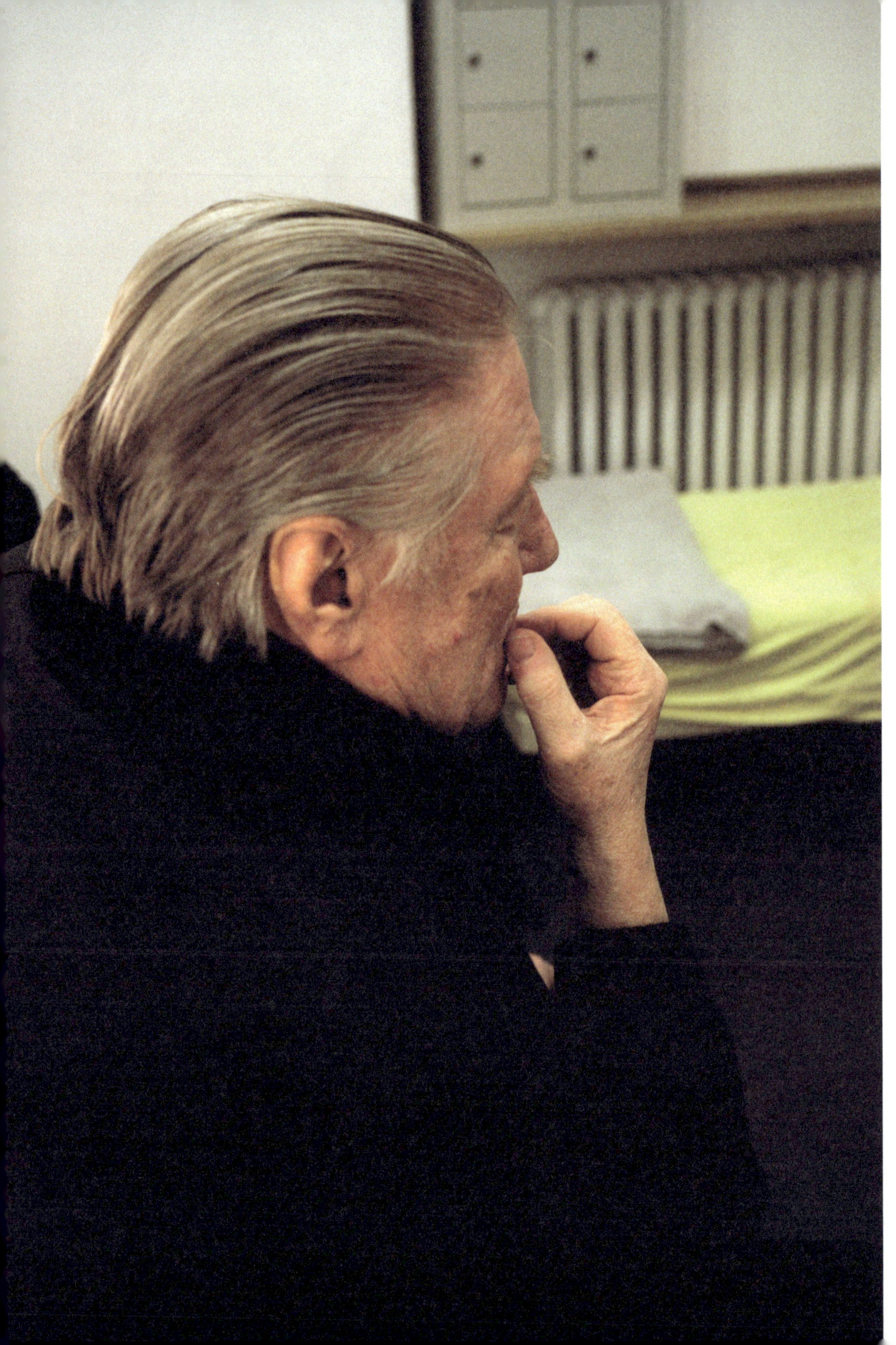

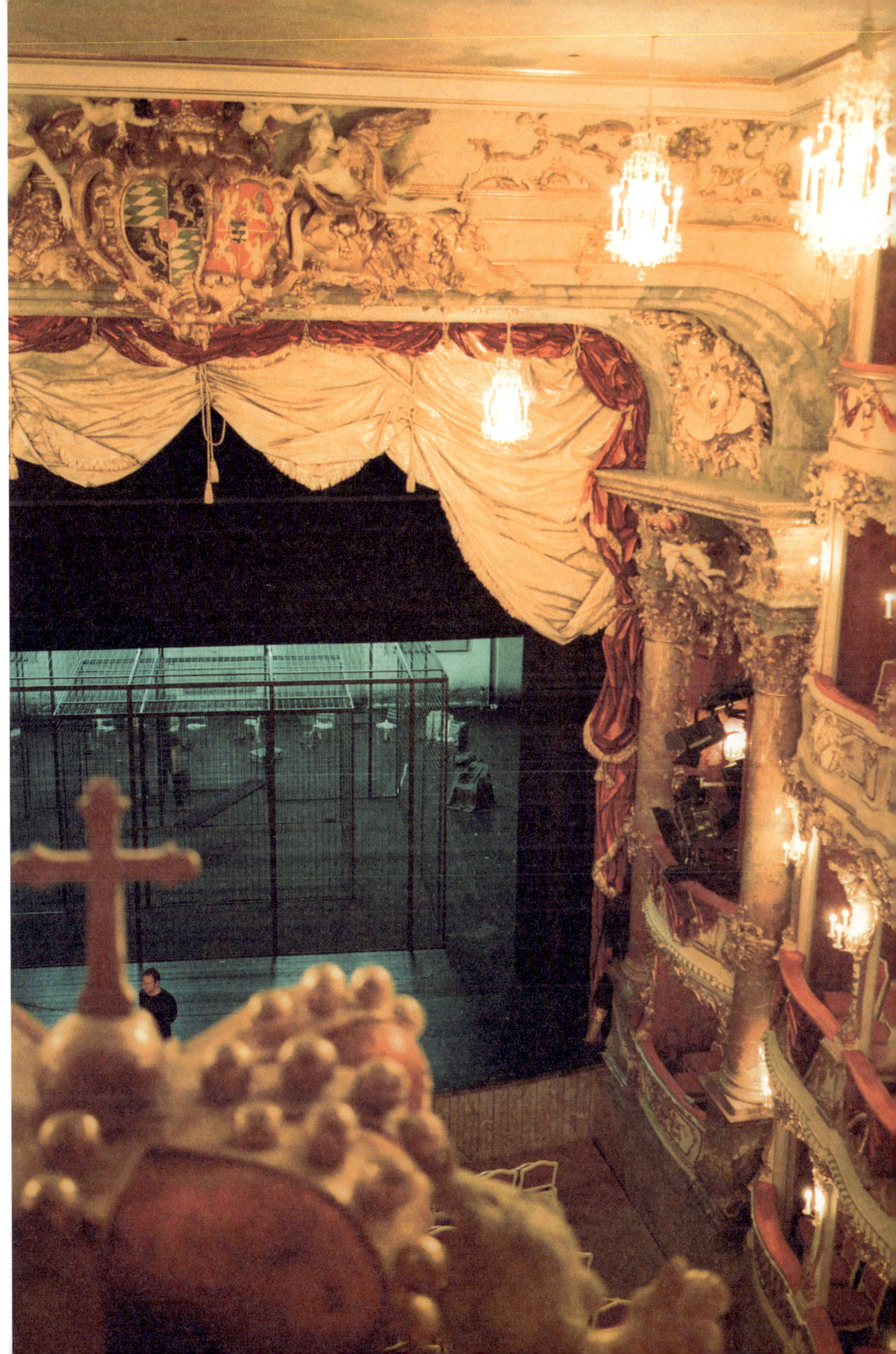

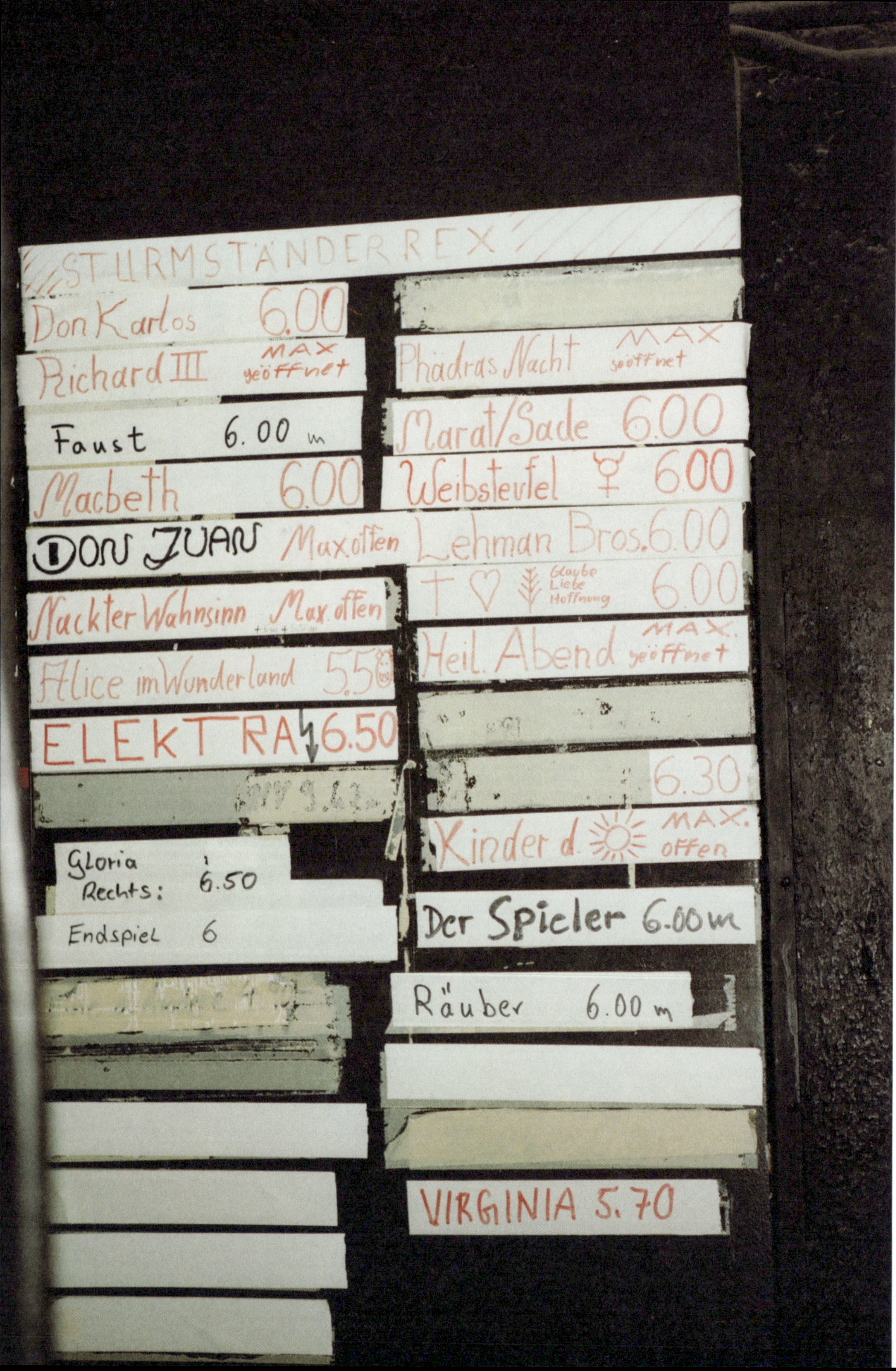

STURMSTÄNDER REX

Don Karlos 6.00

Richard III MAX geöffnet

Faust 6.00 m

Macbeth 6.00

DON JUAN Max.offen

Nackter Wahnsinn Max.offen

Alice im Wunderland 5.50

ELEKTRA 6.50

Gloria Rechts: 6.50

Endspiel 6

Phädras Nacht MAX geöffnet

Marat/Sade 6.00

Weibsteufel ☿ 6.00

Lehman Bros. 6.00

† ♡ Glaube Liebe Hoffnung 6.00

Heil. Abend MAX. geöffnet

6.30

Kinder d. ☼ MAX. offen

Der Spieler 6.00 m

Räuber 6.00 m

VIRGINIA 5.70

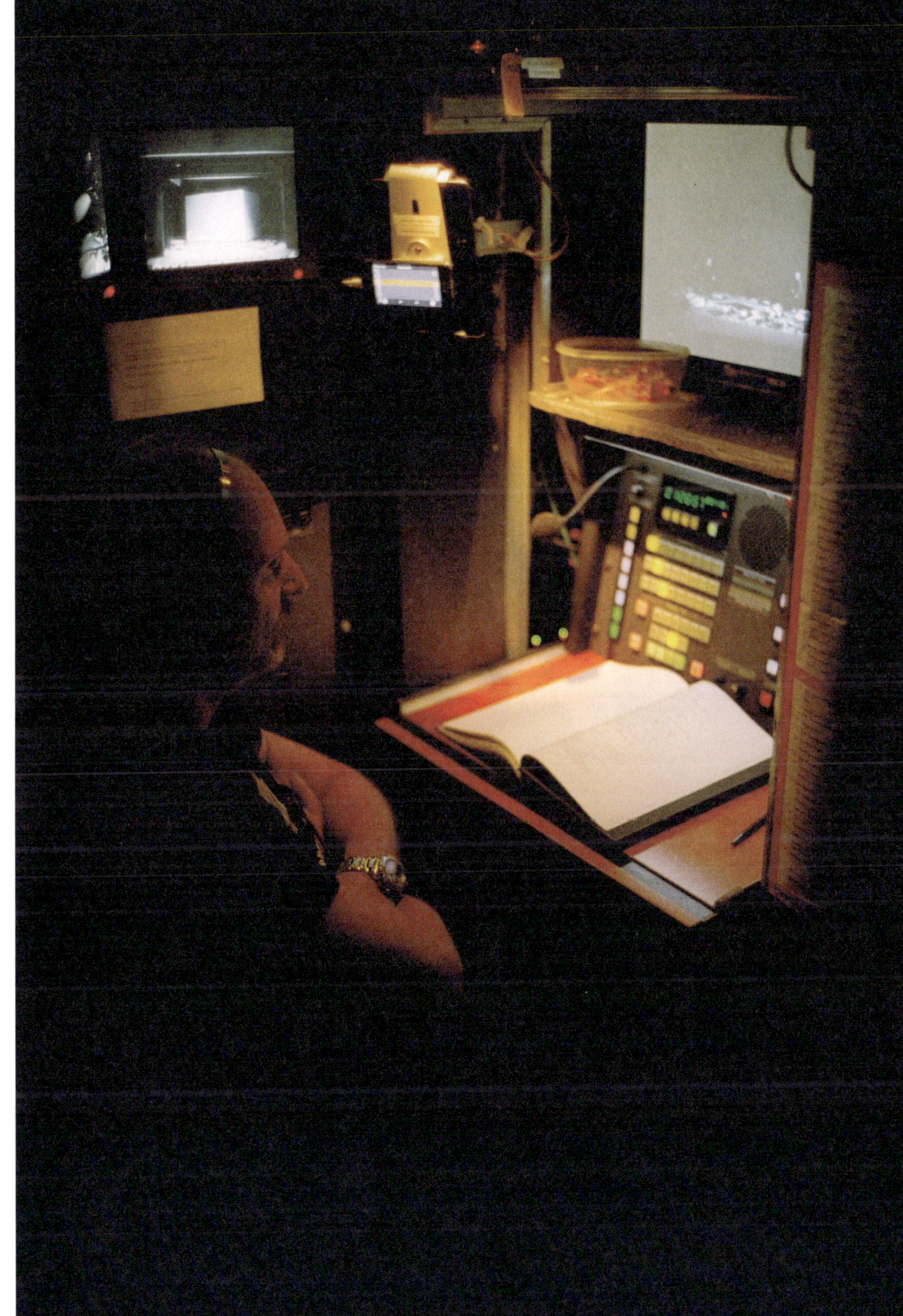

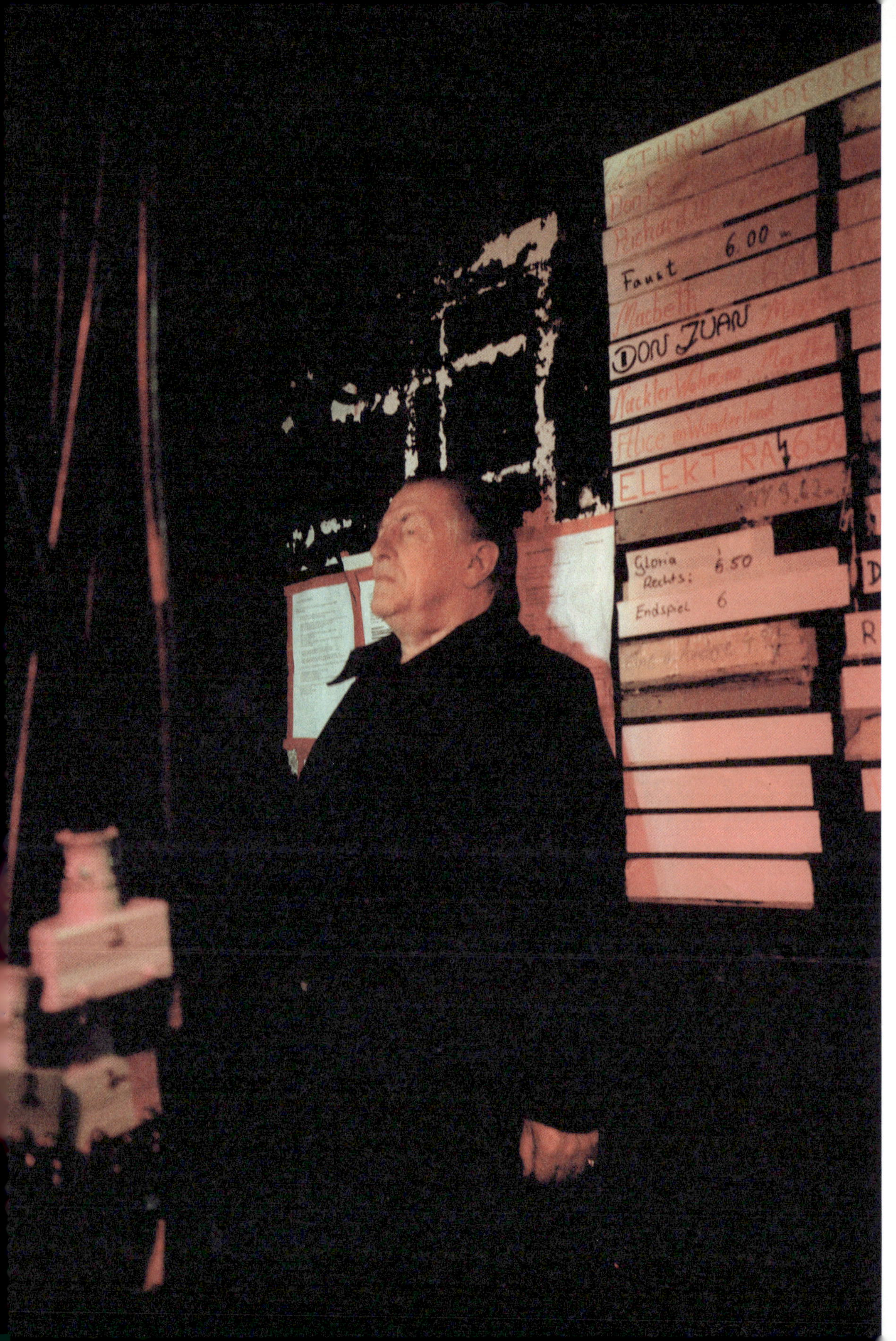
6.00
Faust
DON JUAN
ELEKTRA
Gloria Rechts: 6.50
Endspiel 6

BÜHNE
ABSOLUTE
RUHE Bitte

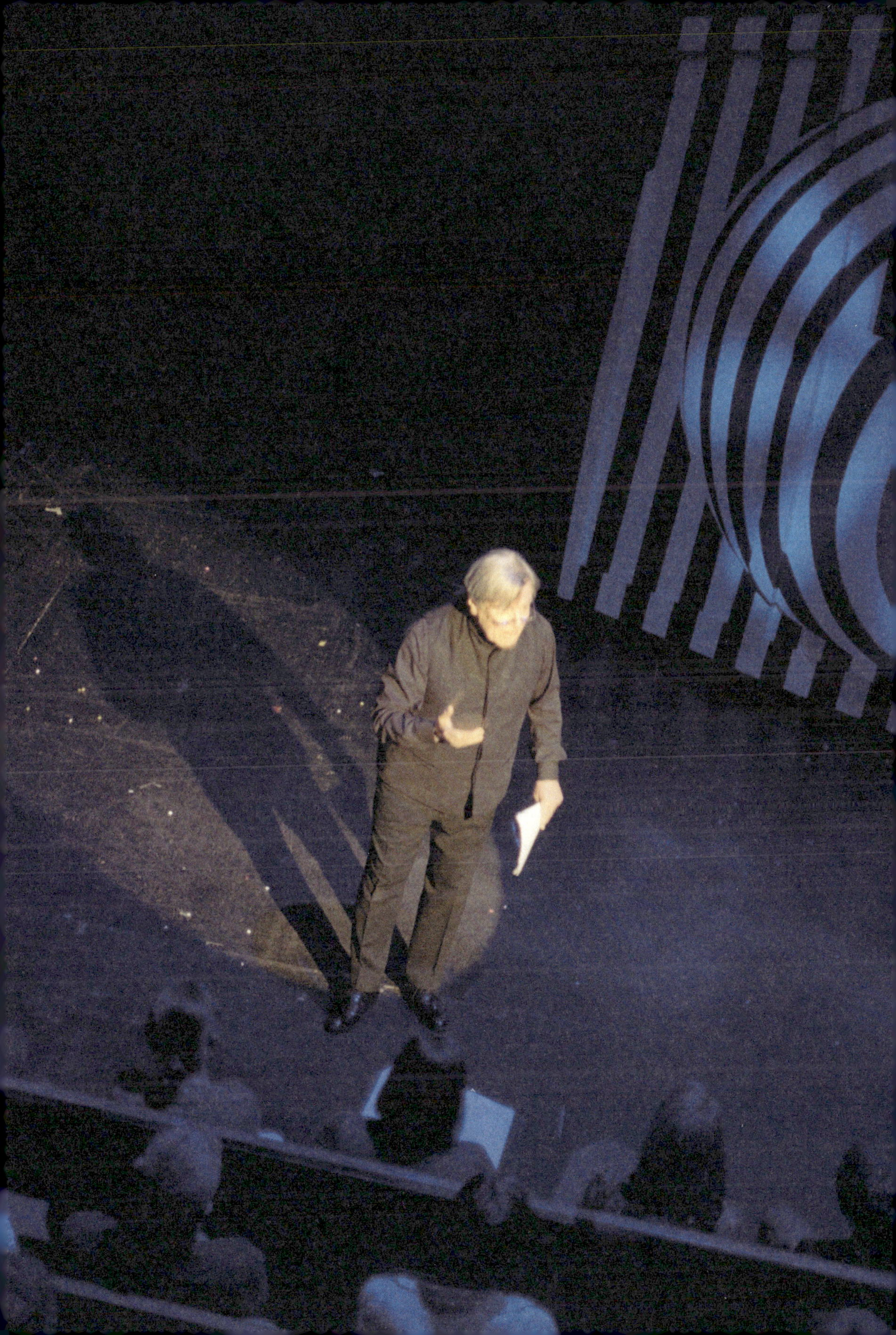

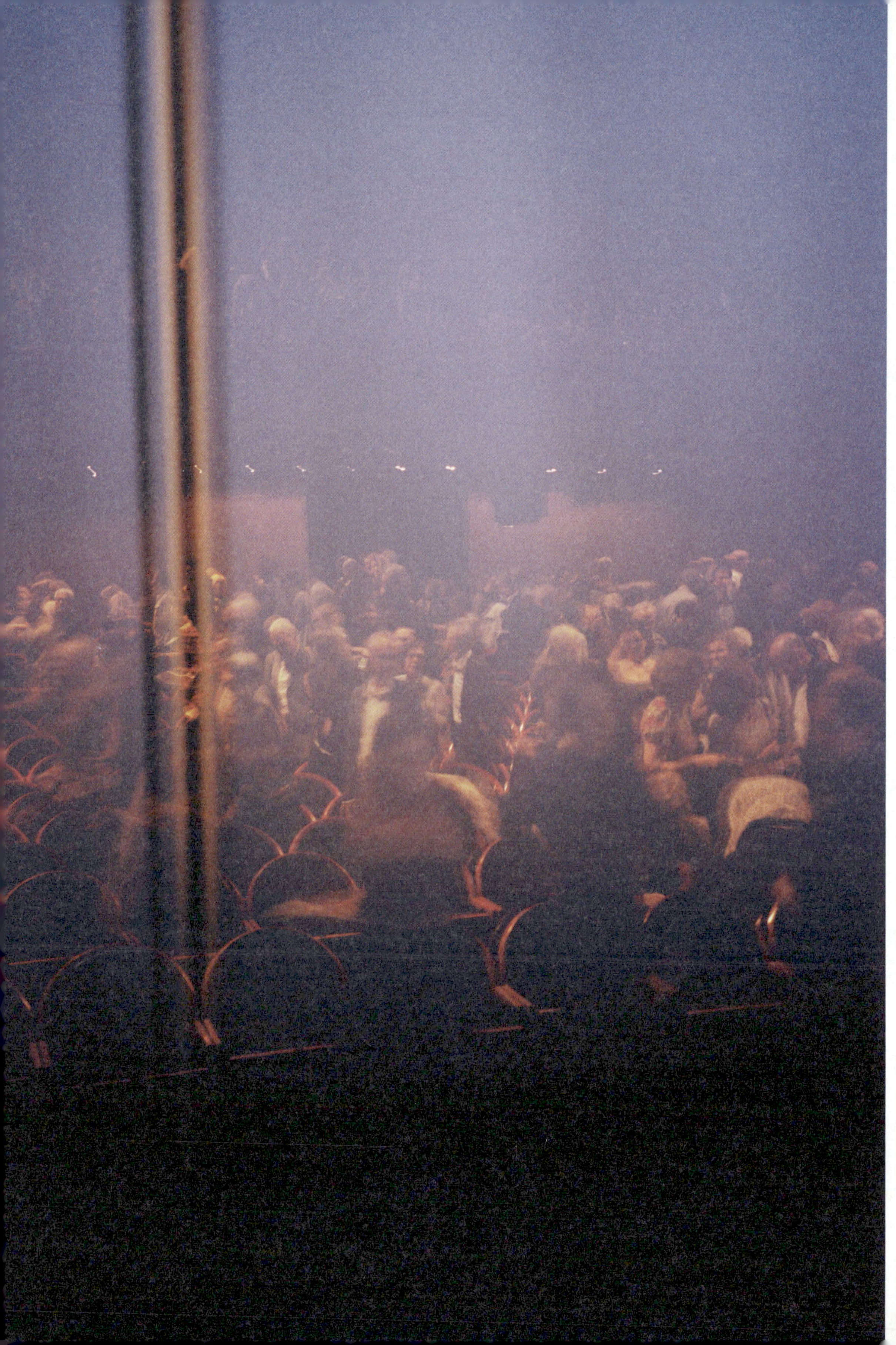

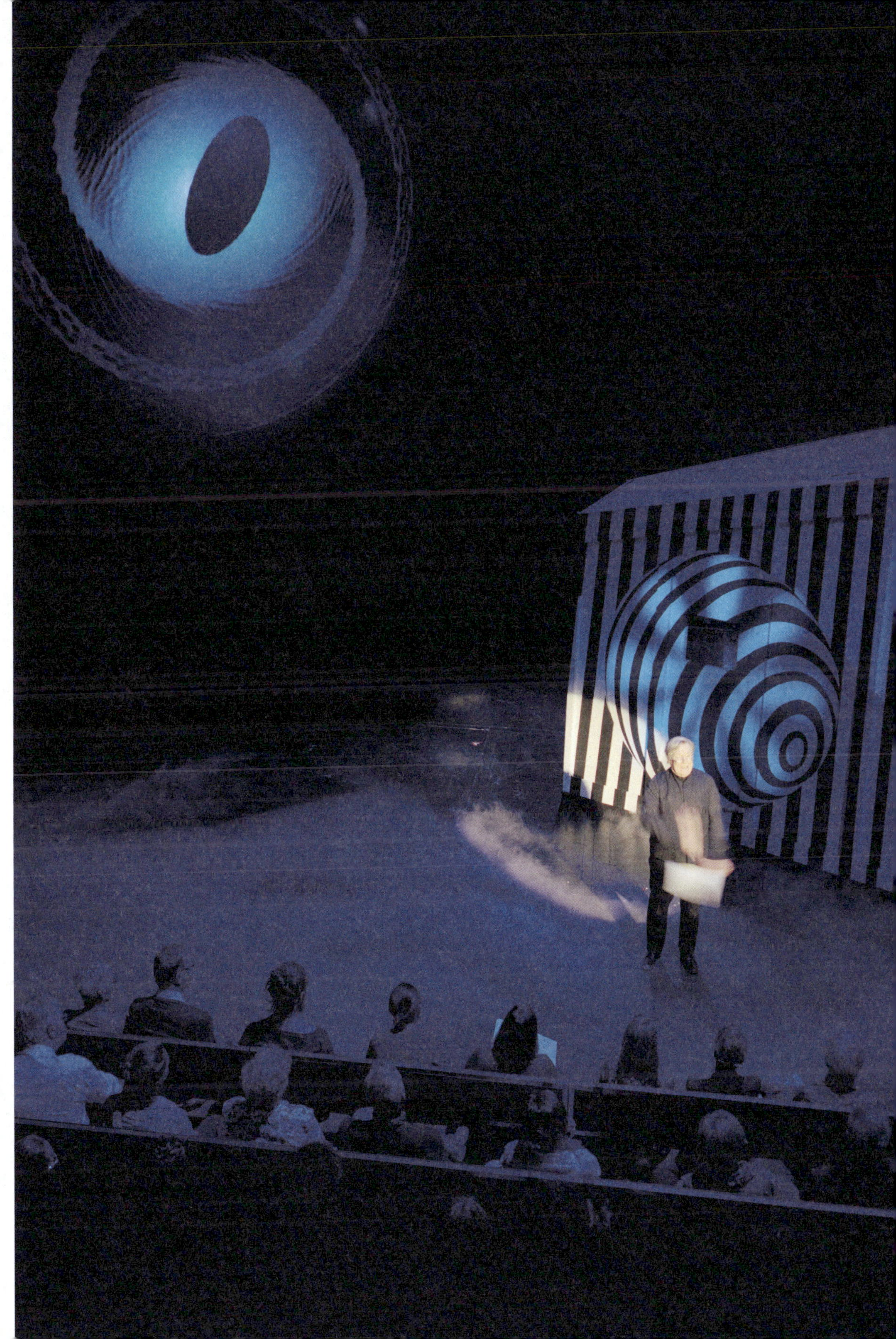

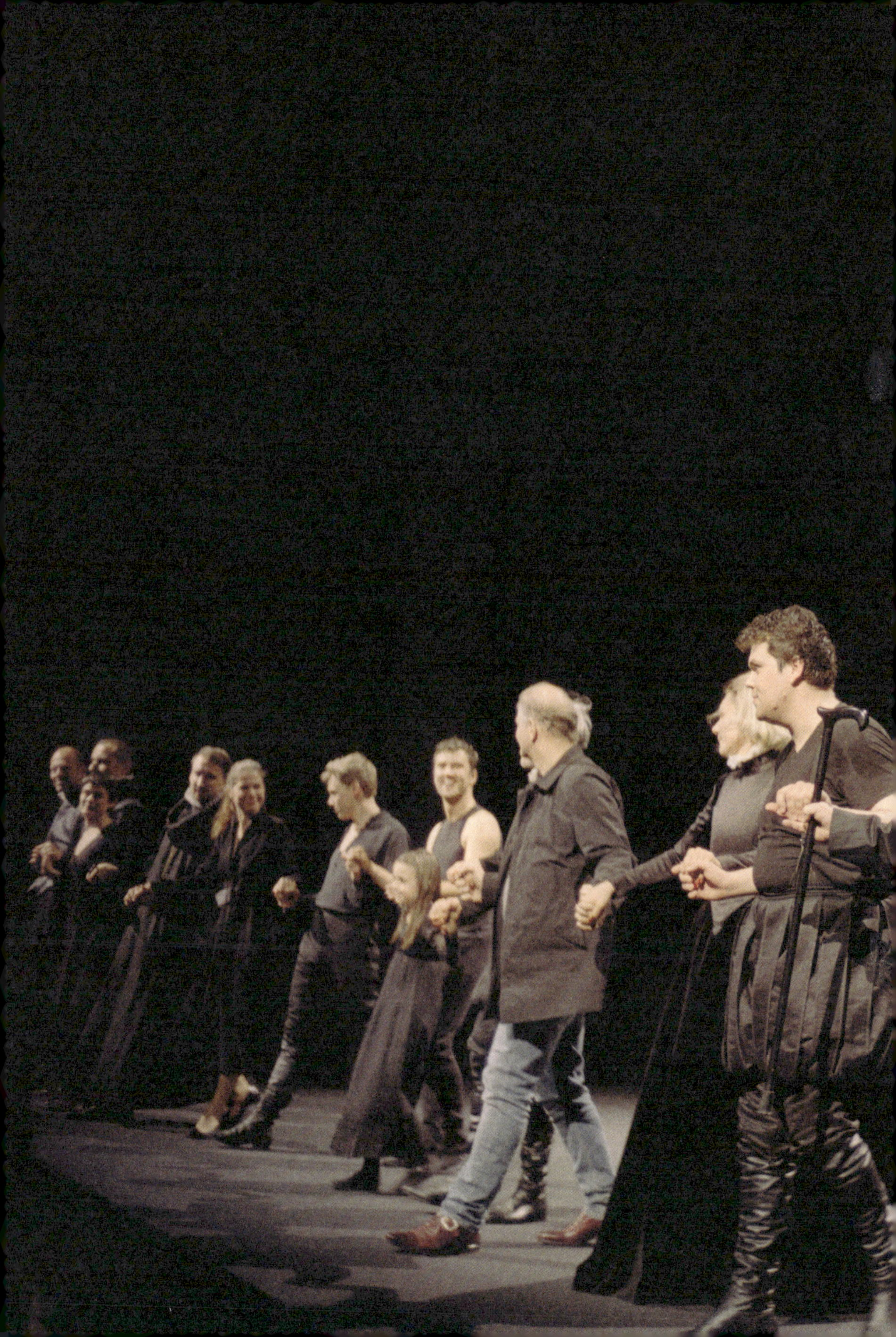

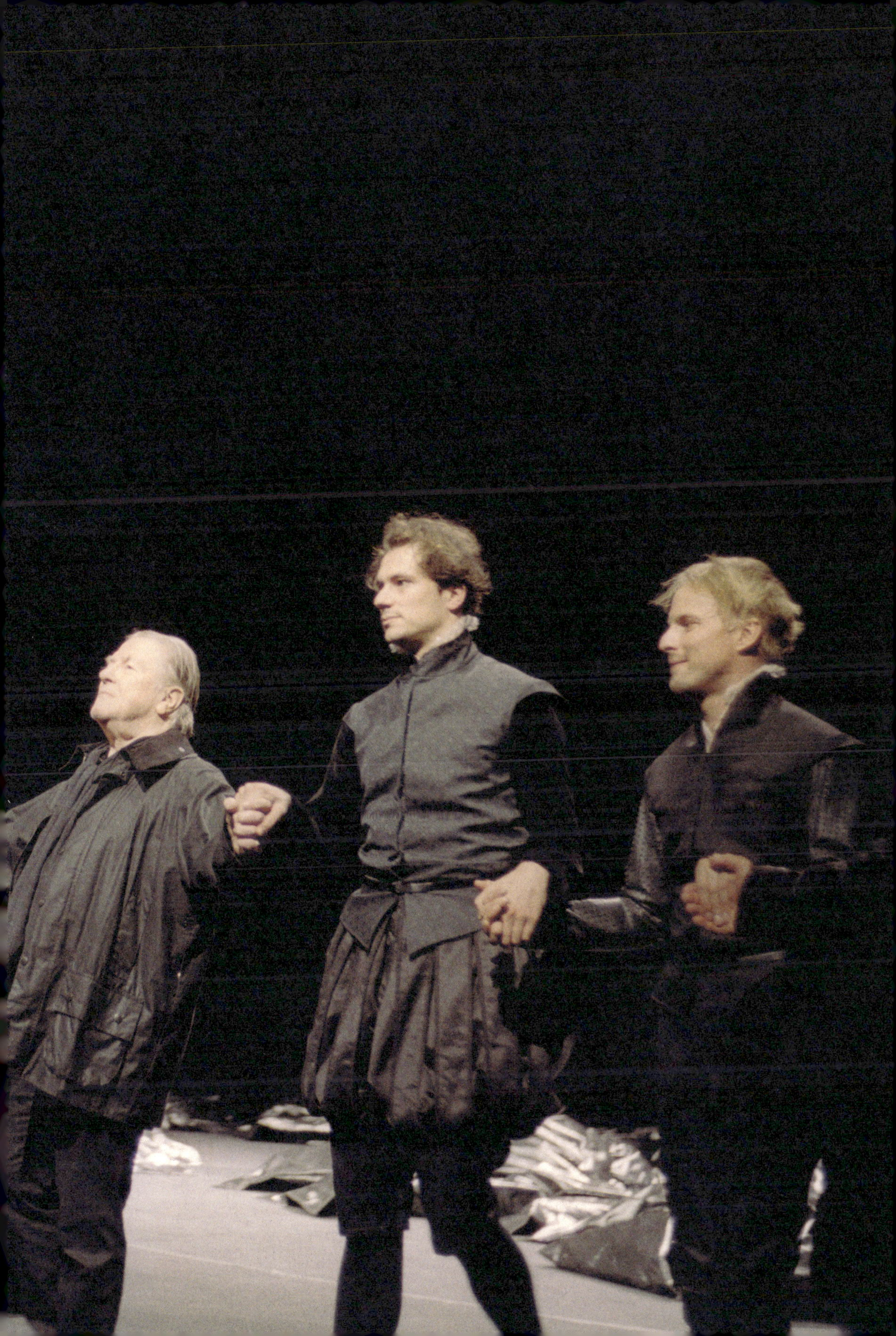

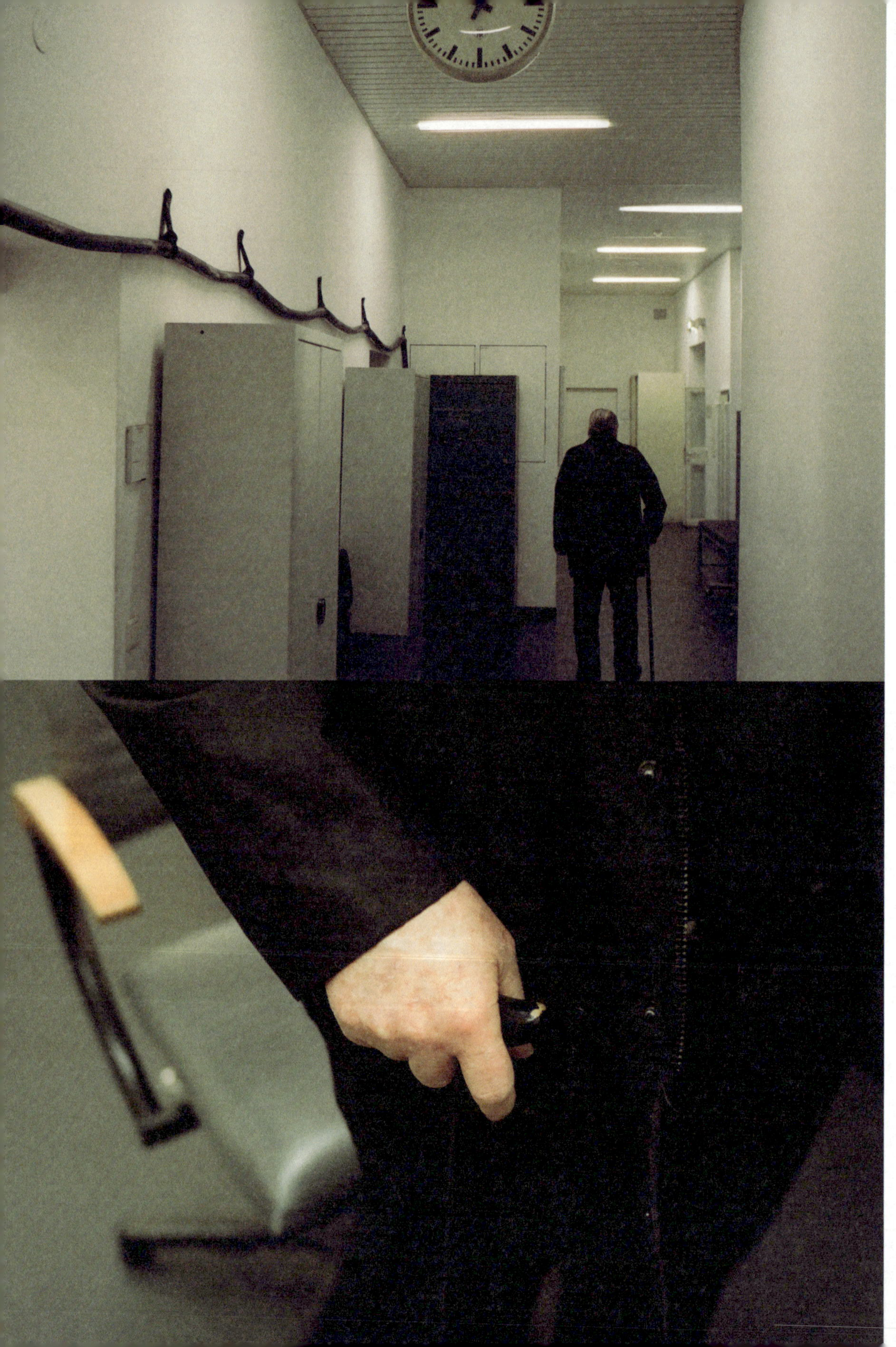

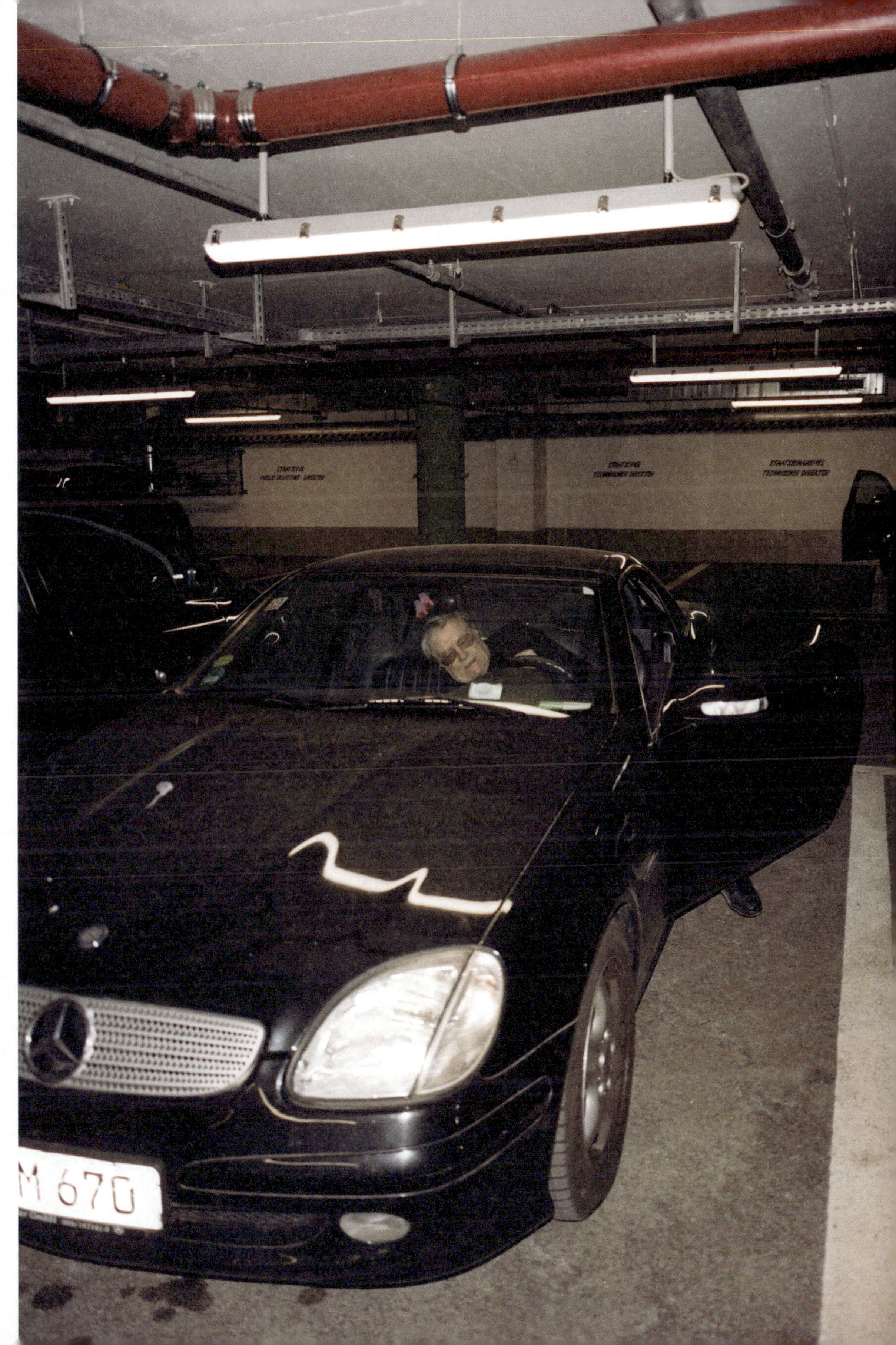
M 670

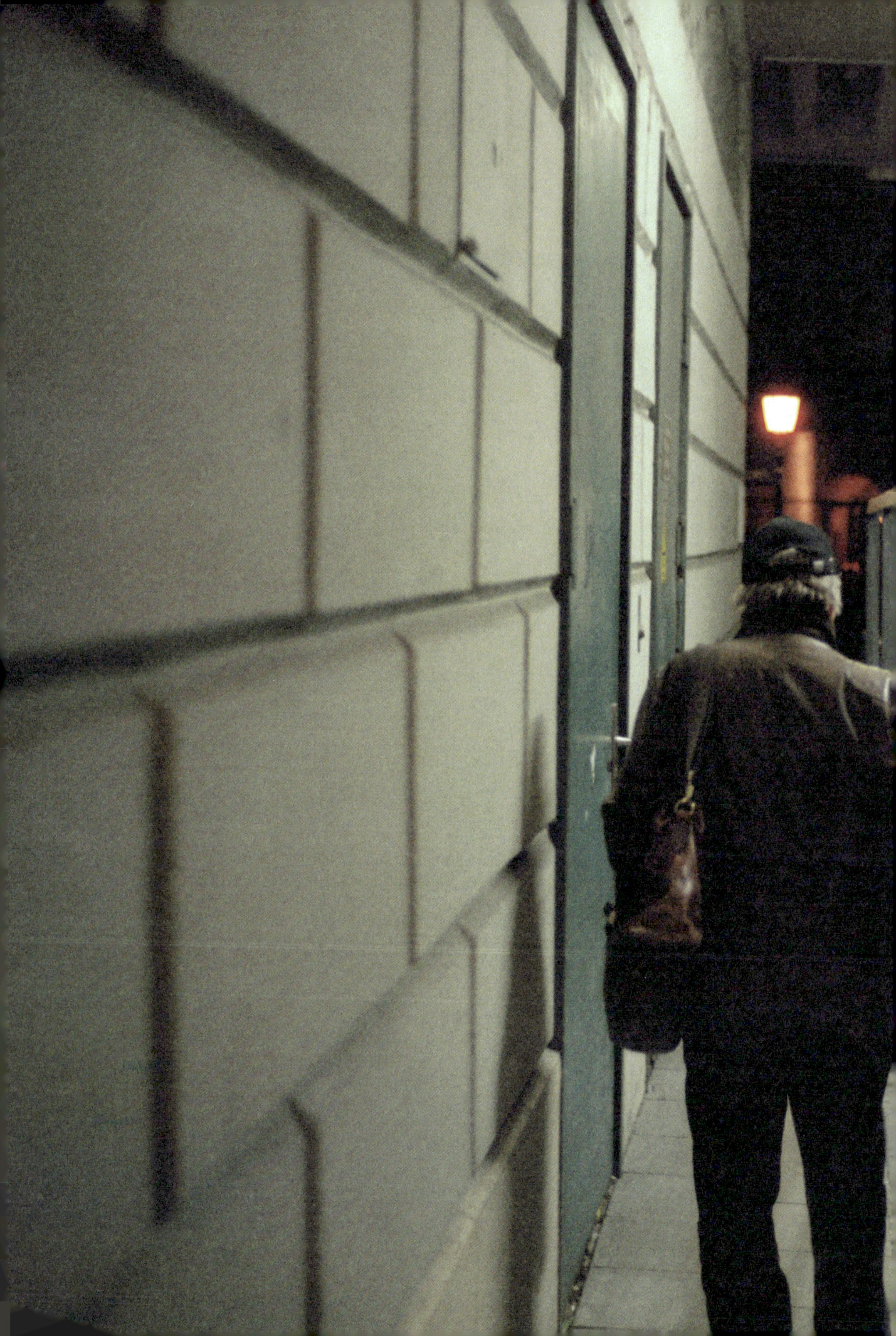

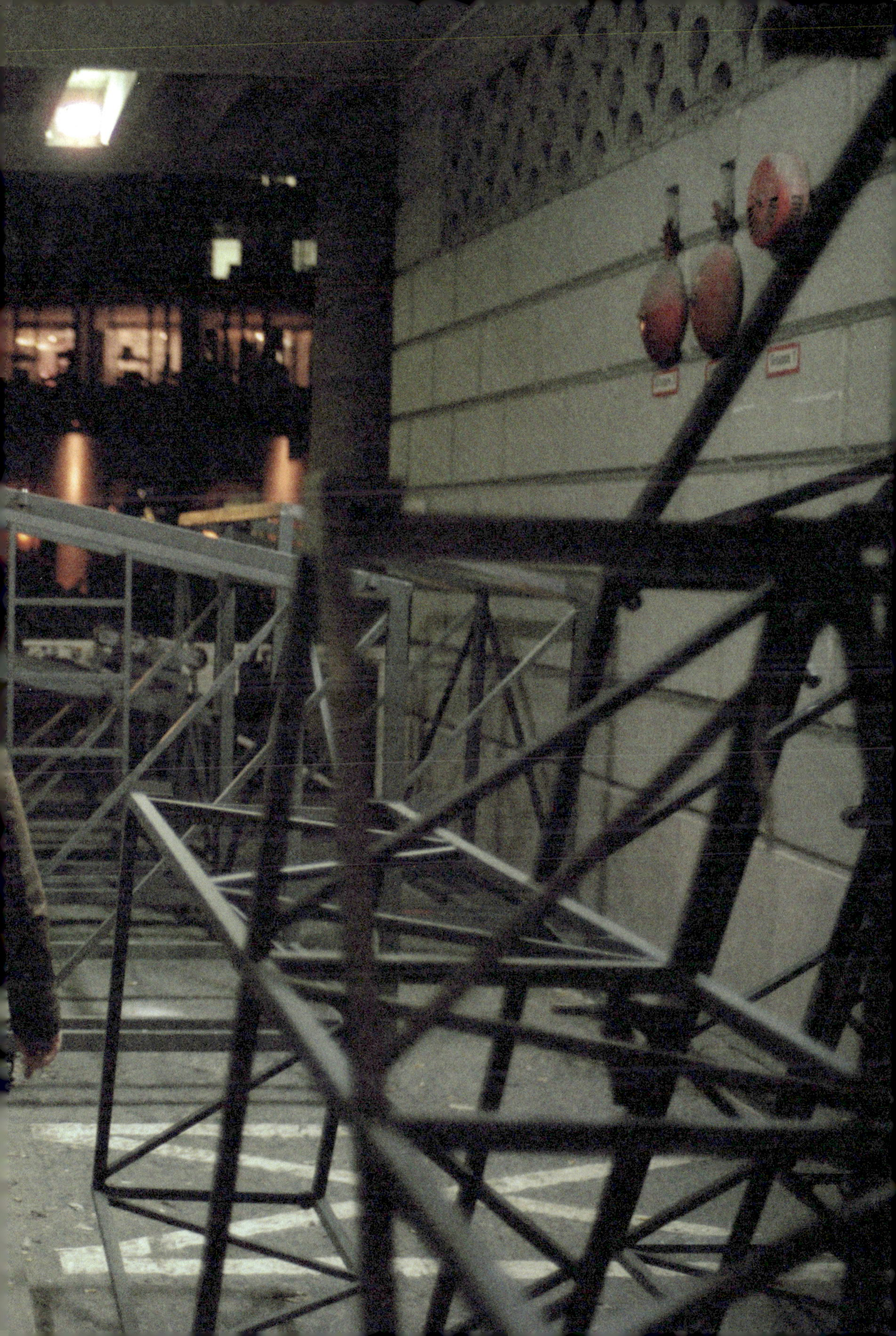

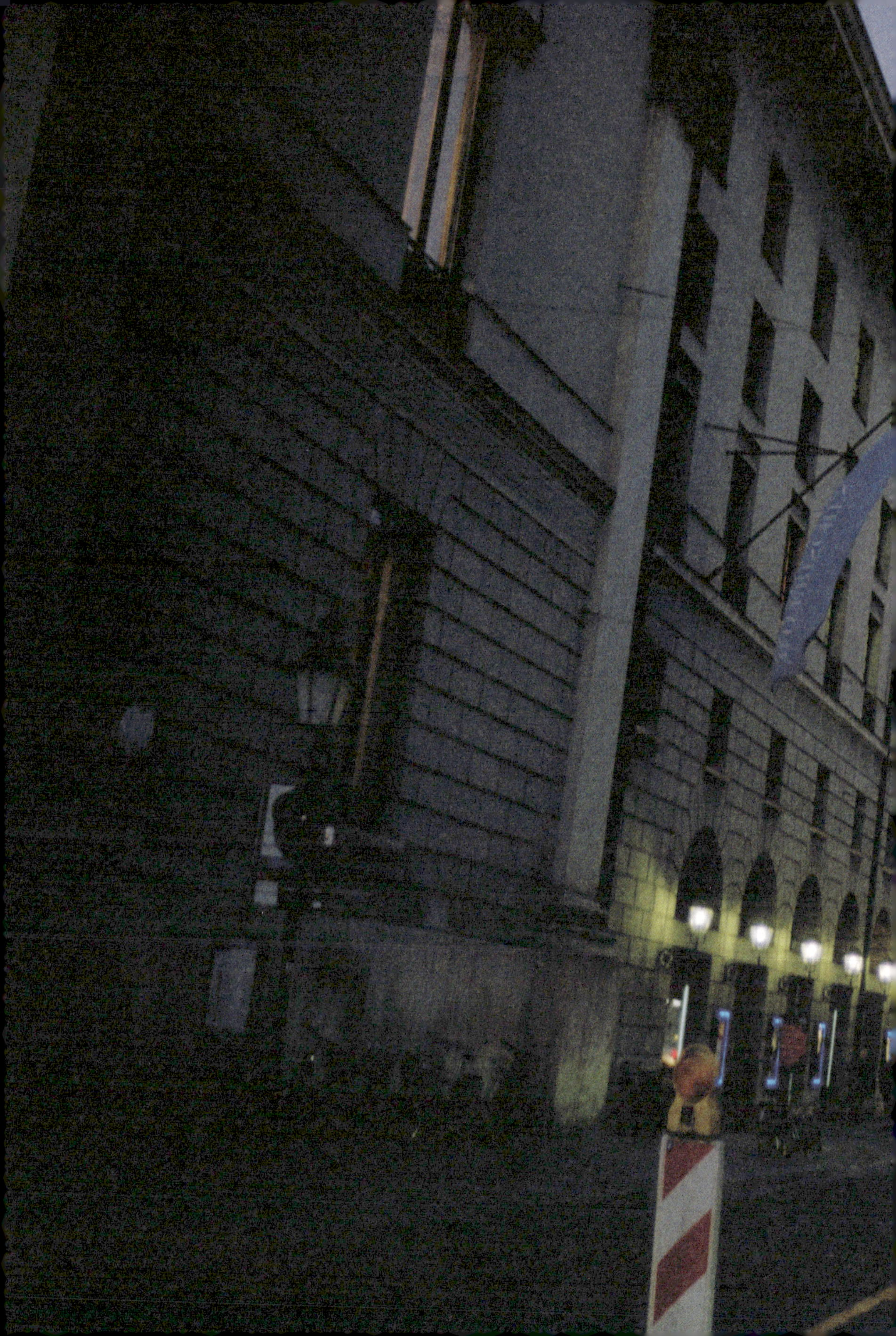

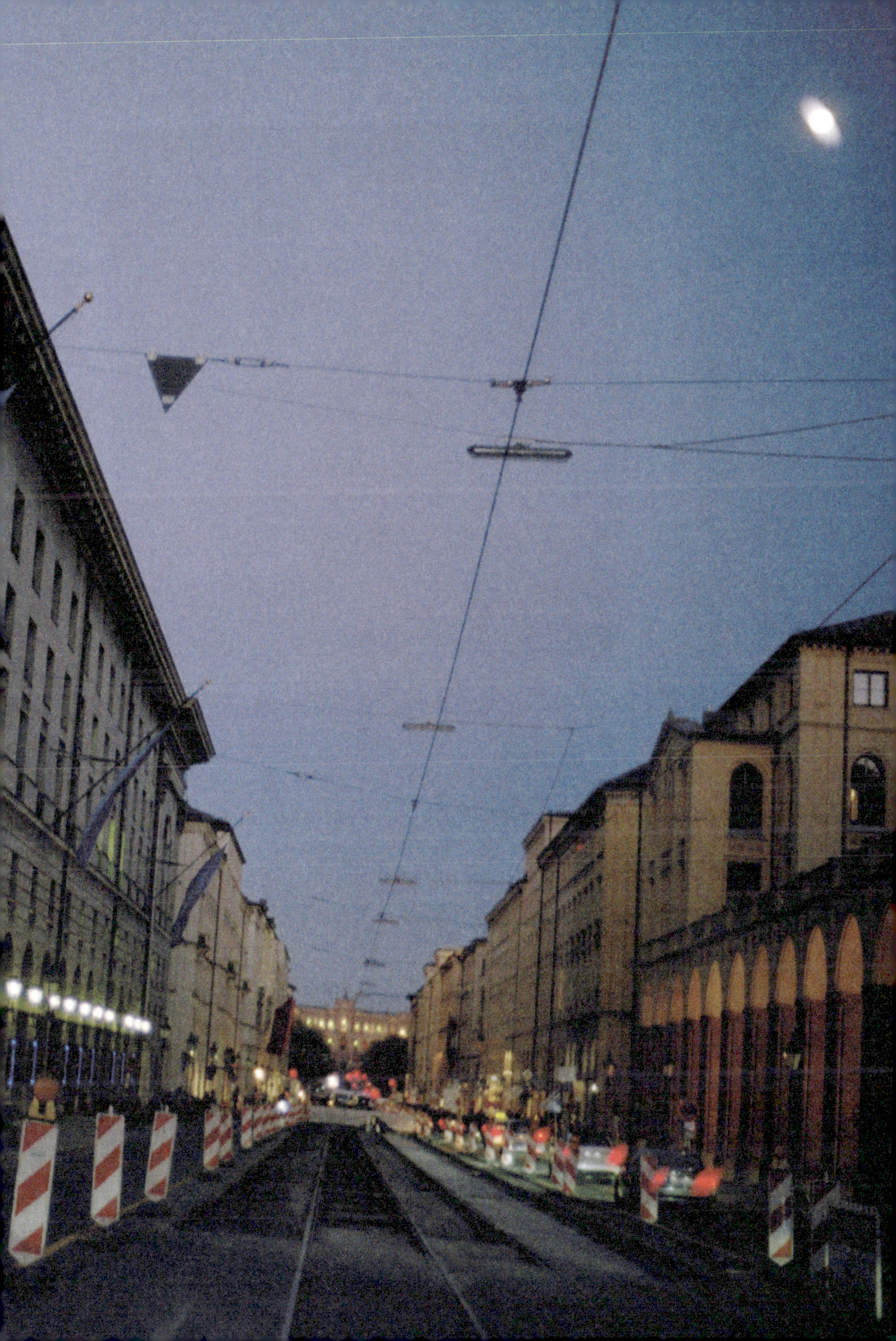

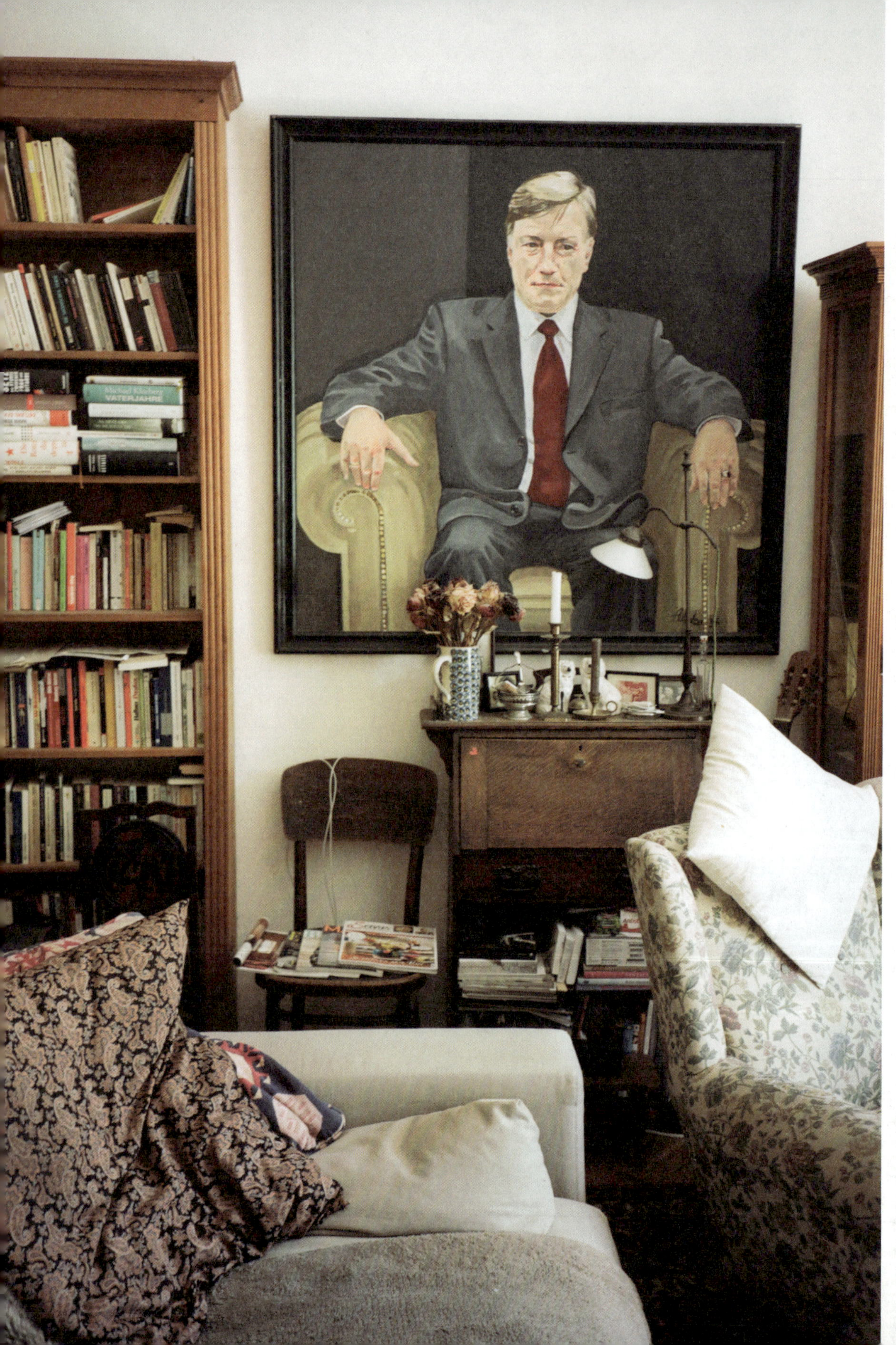
Michael Kleeberg
VATERJAHRE

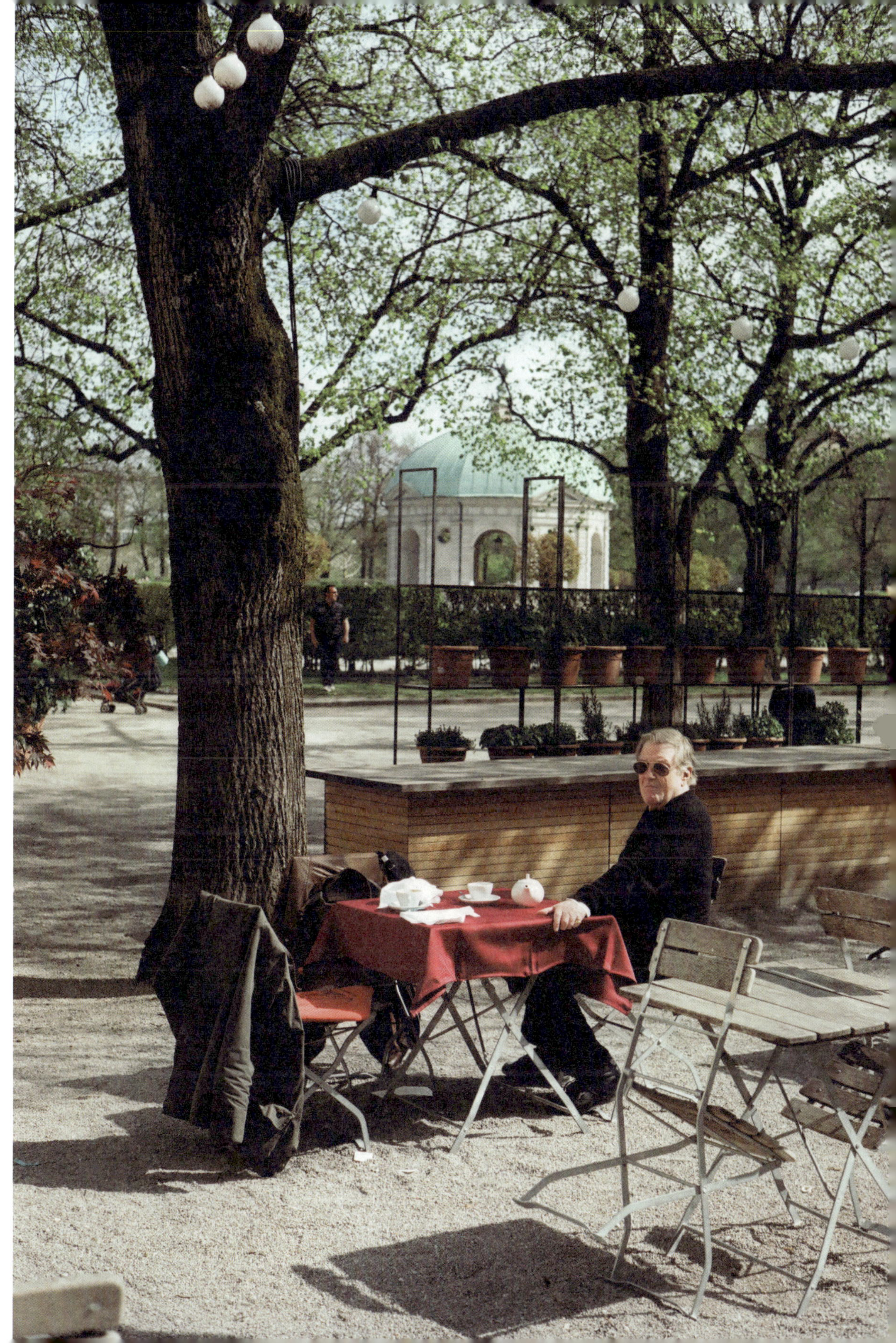

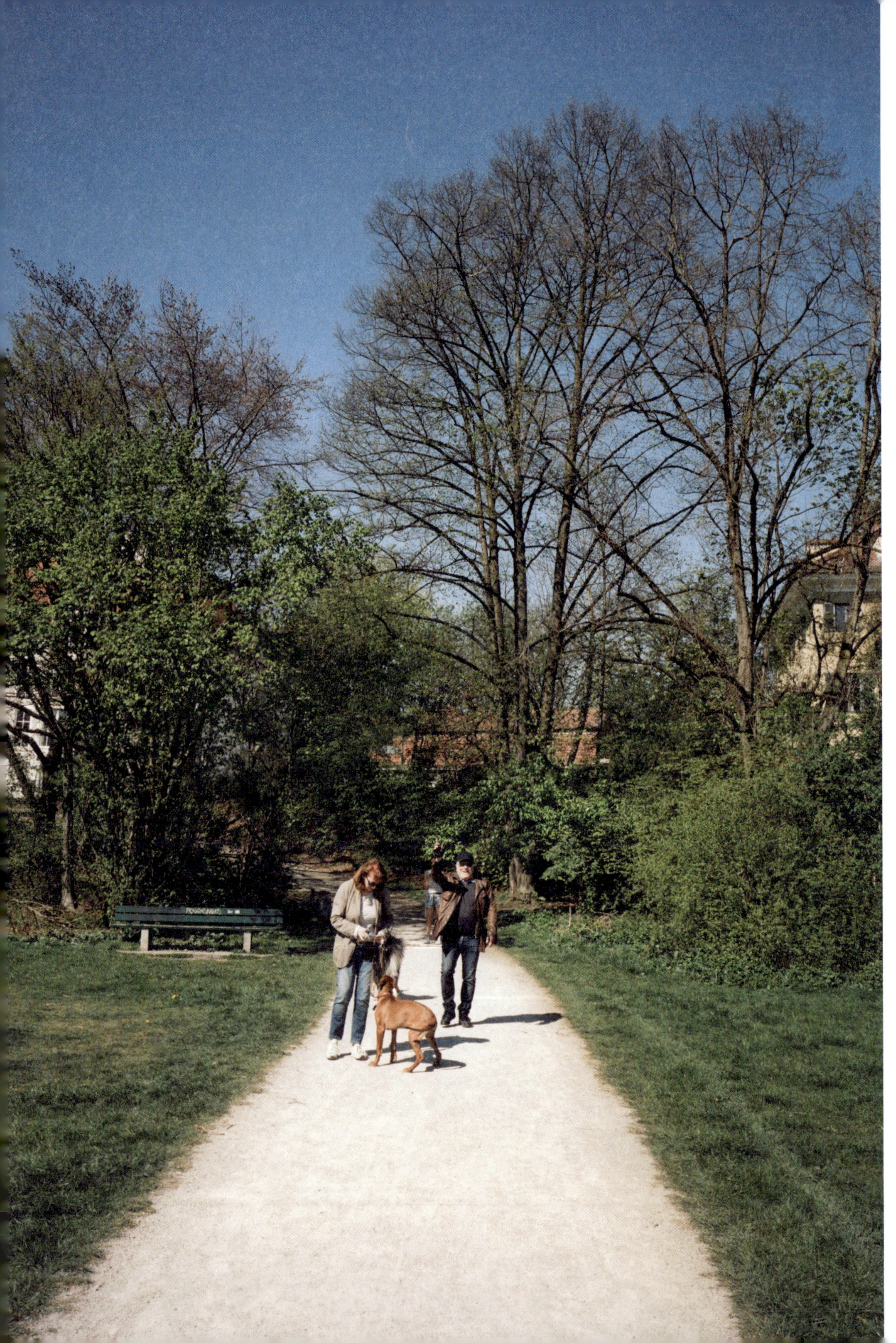

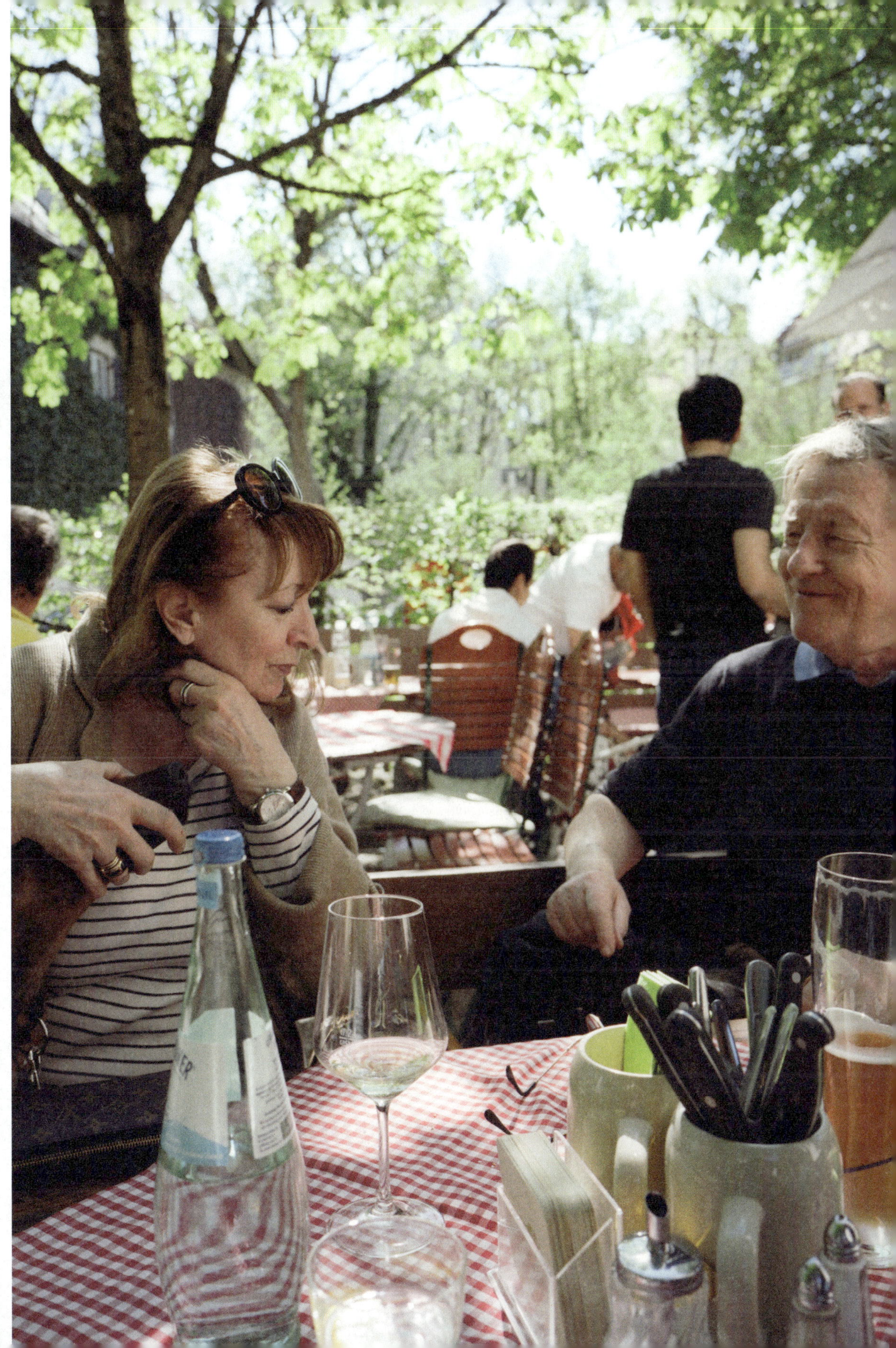

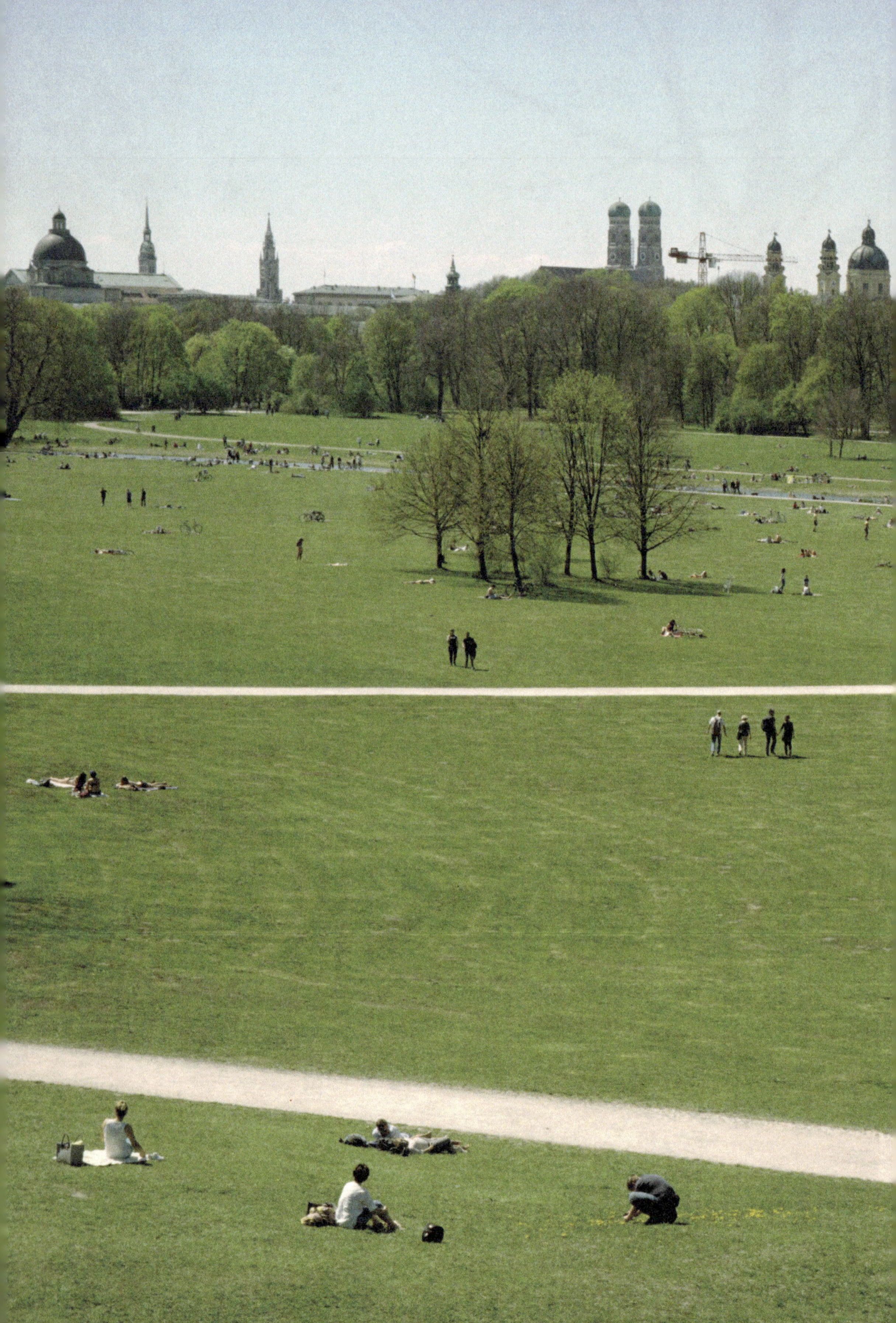

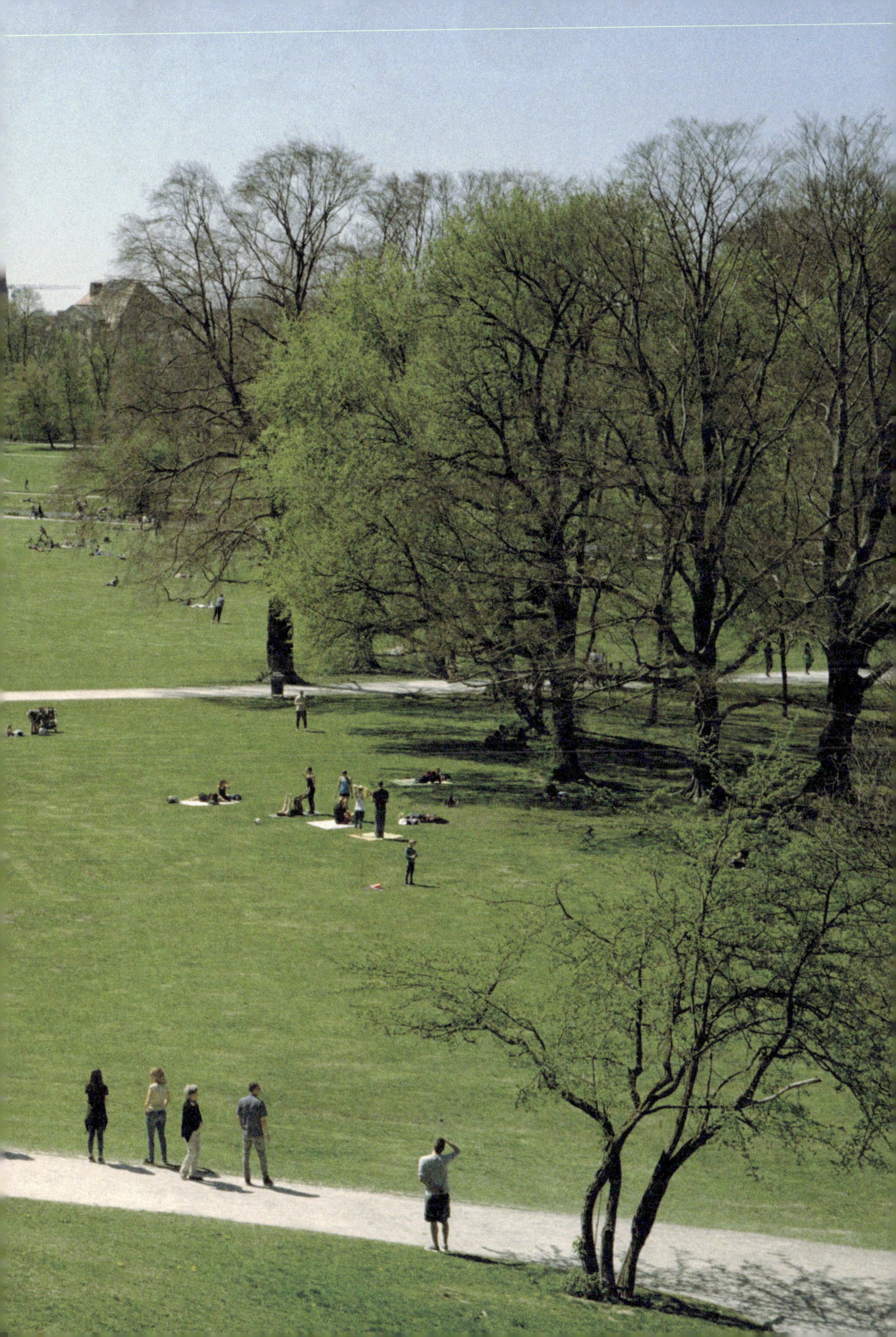

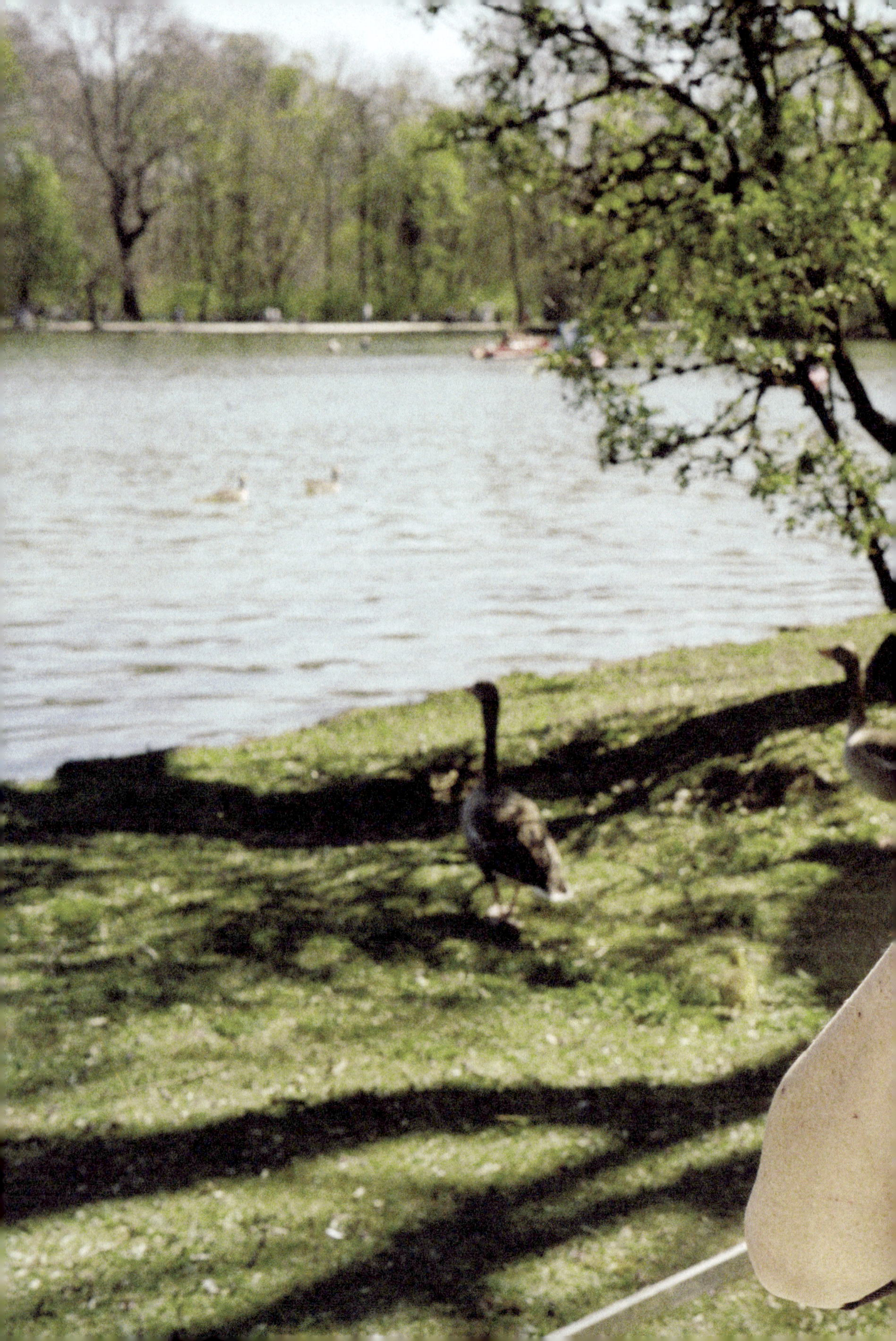

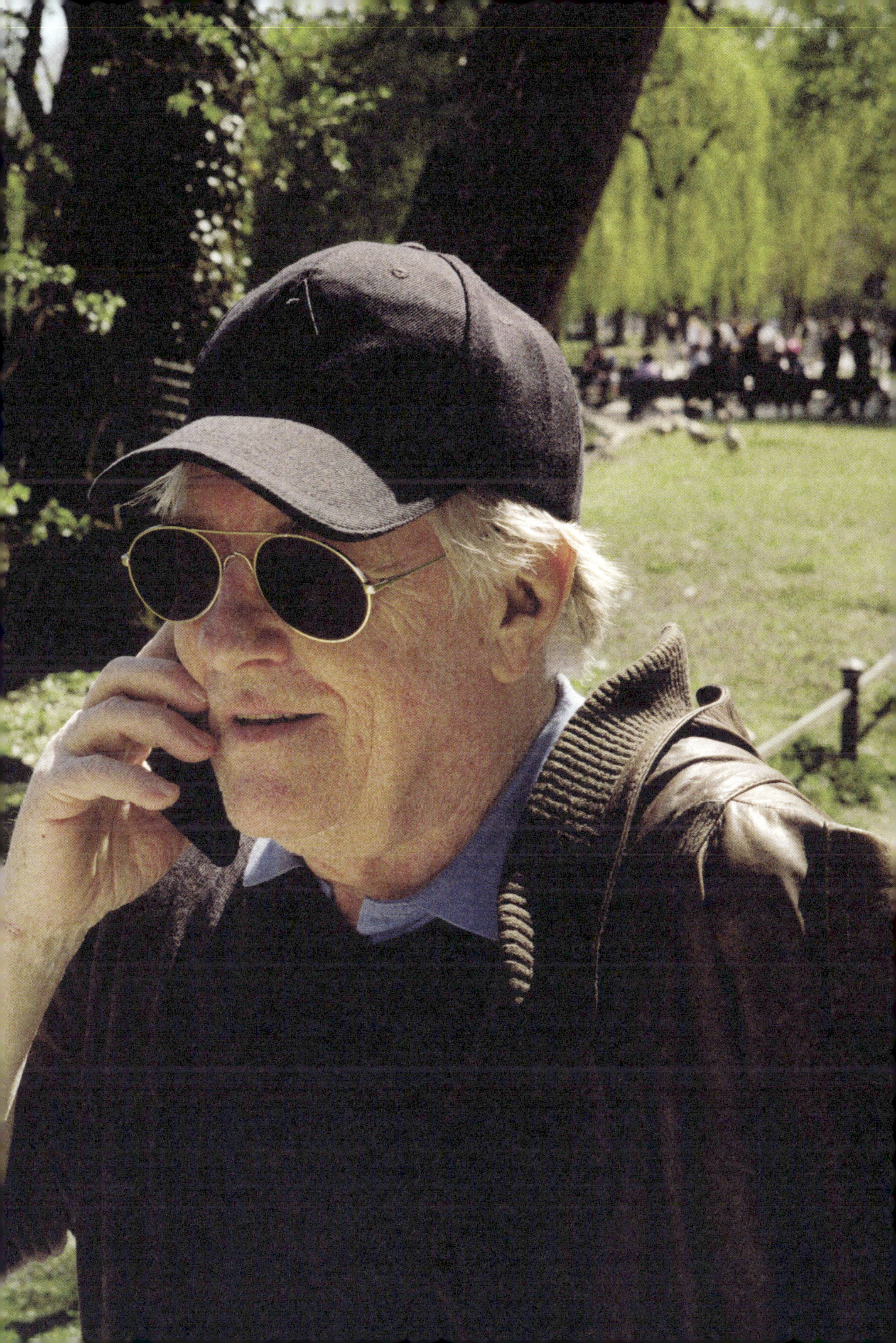

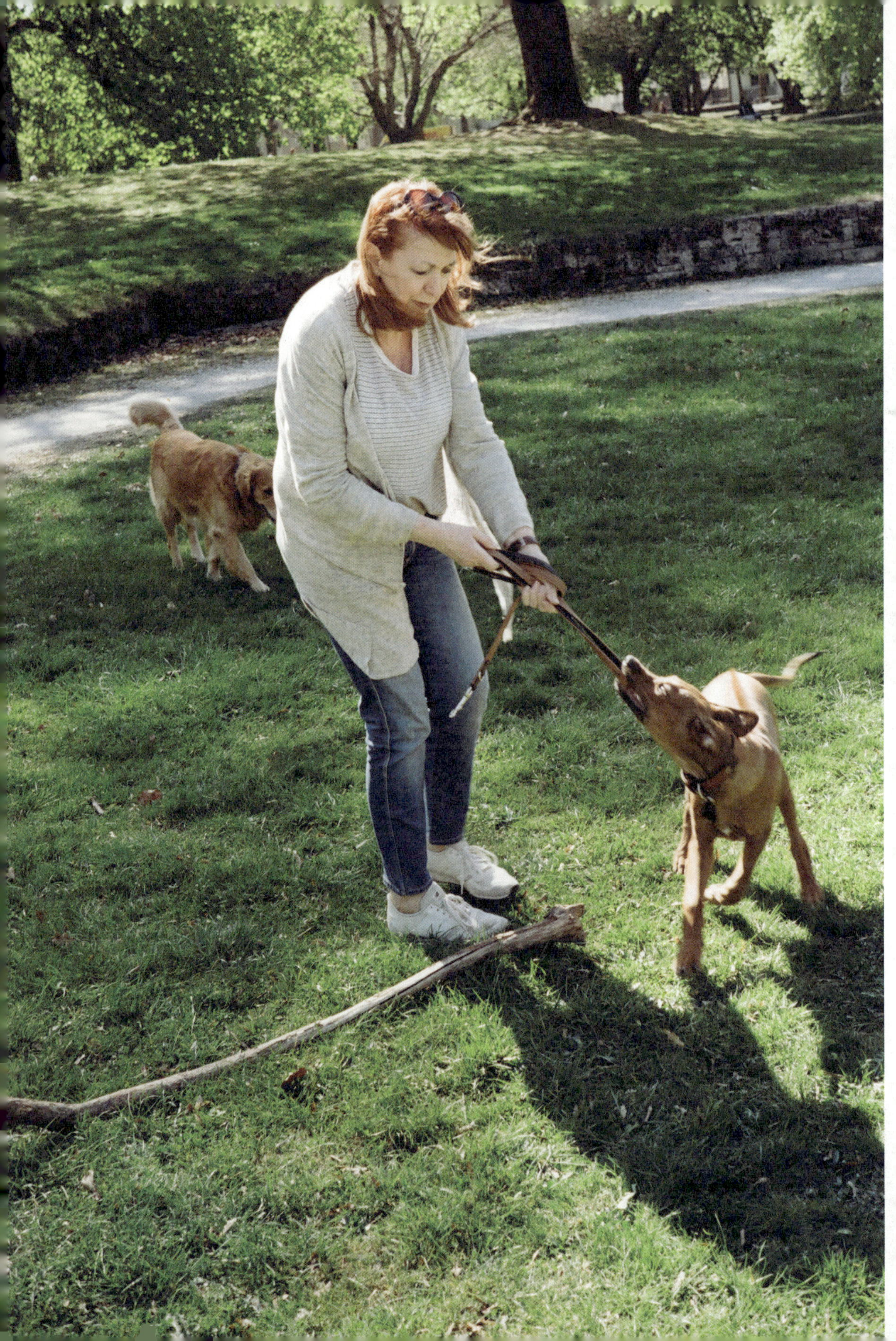

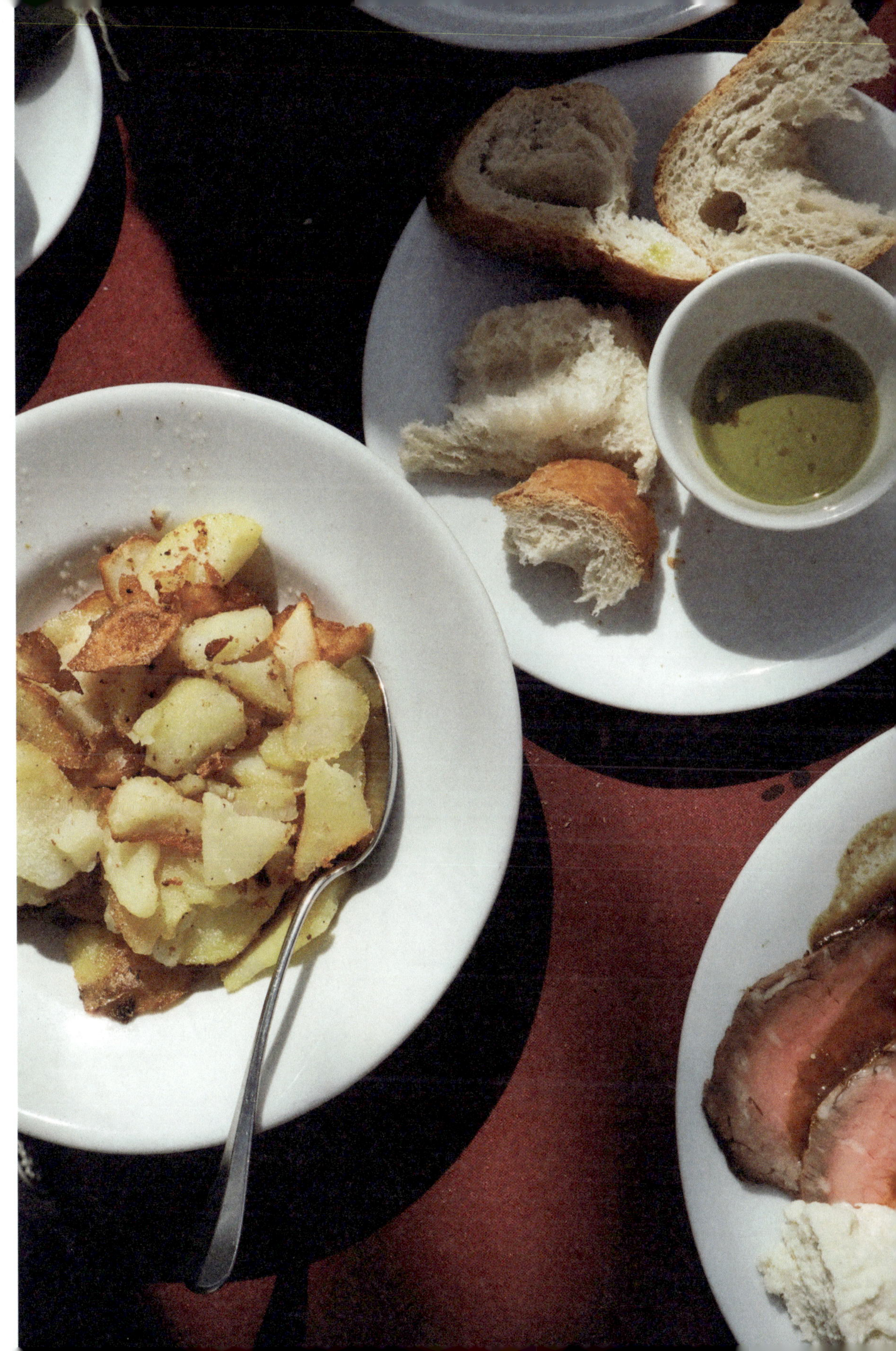

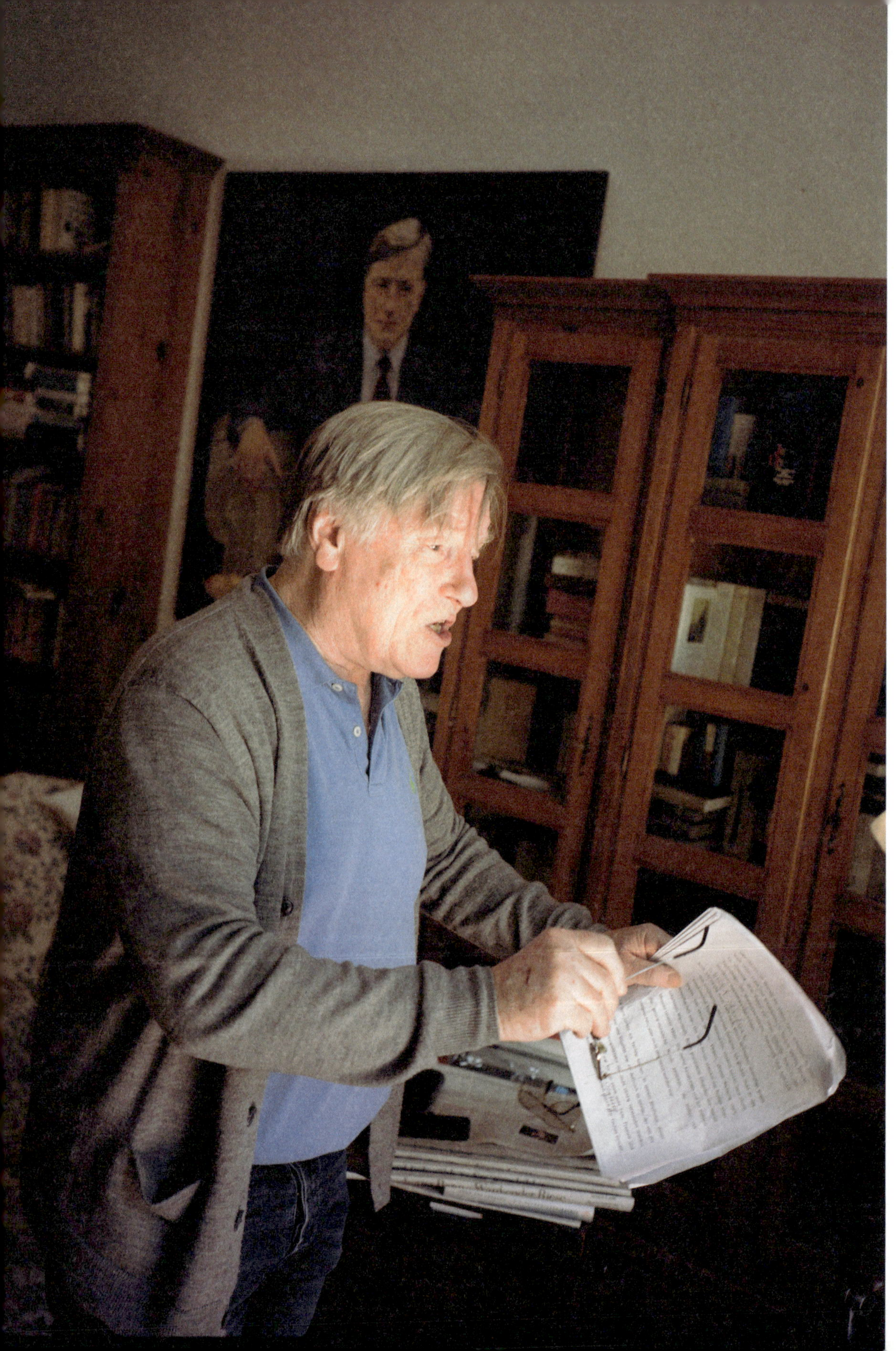

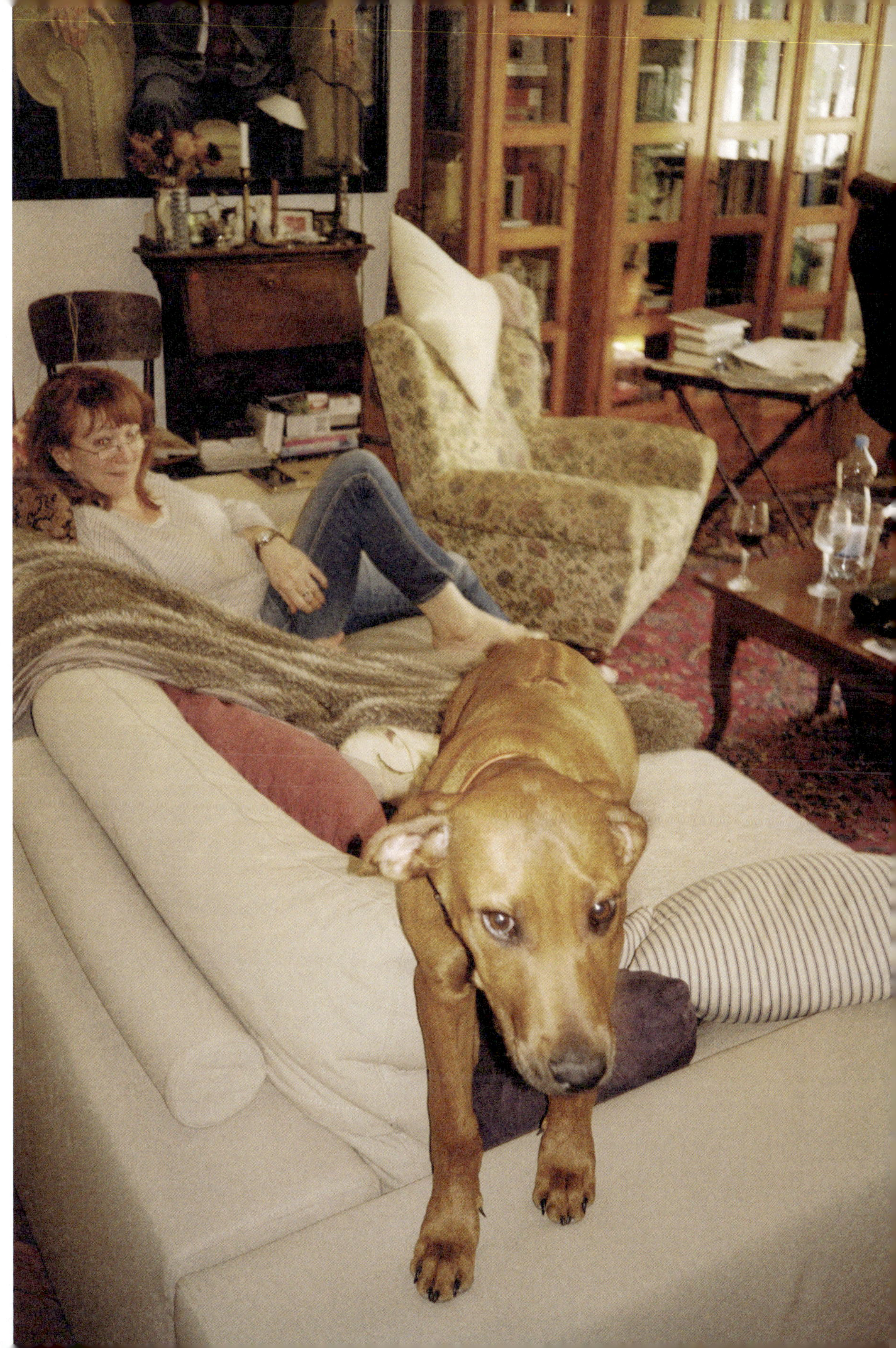

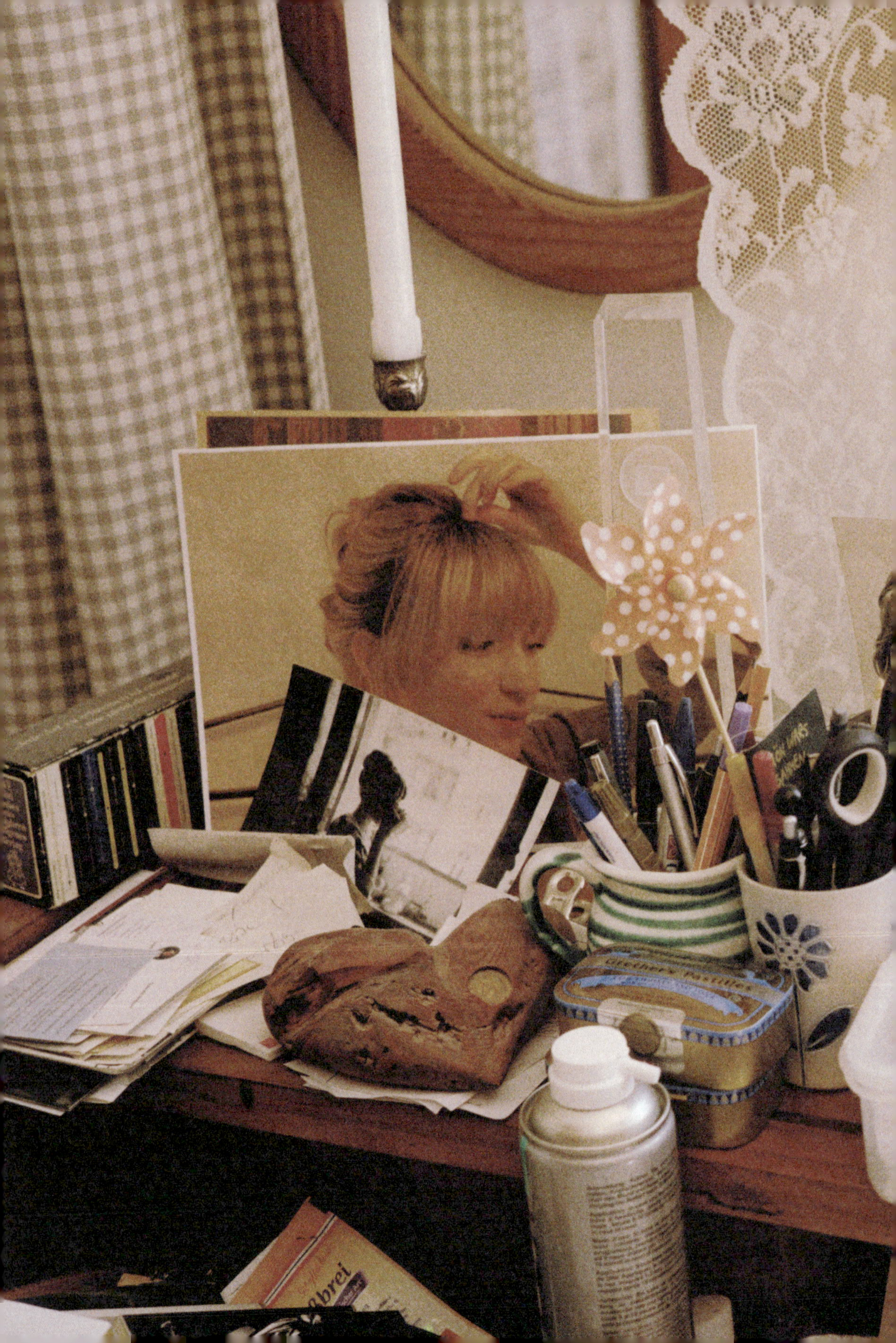

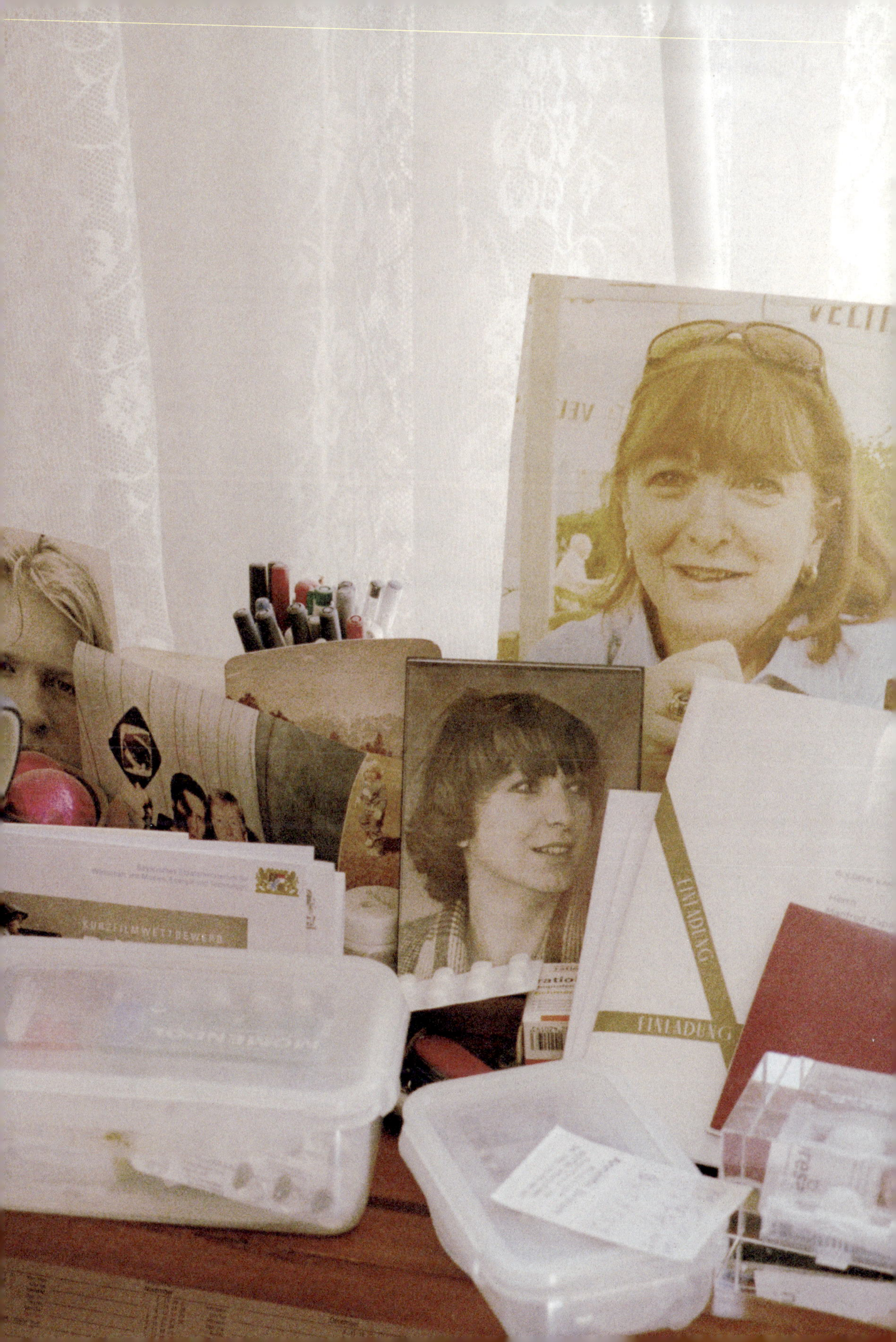
KURZFILMWETTBEWERB
EINLADUNG
EINLADUNG

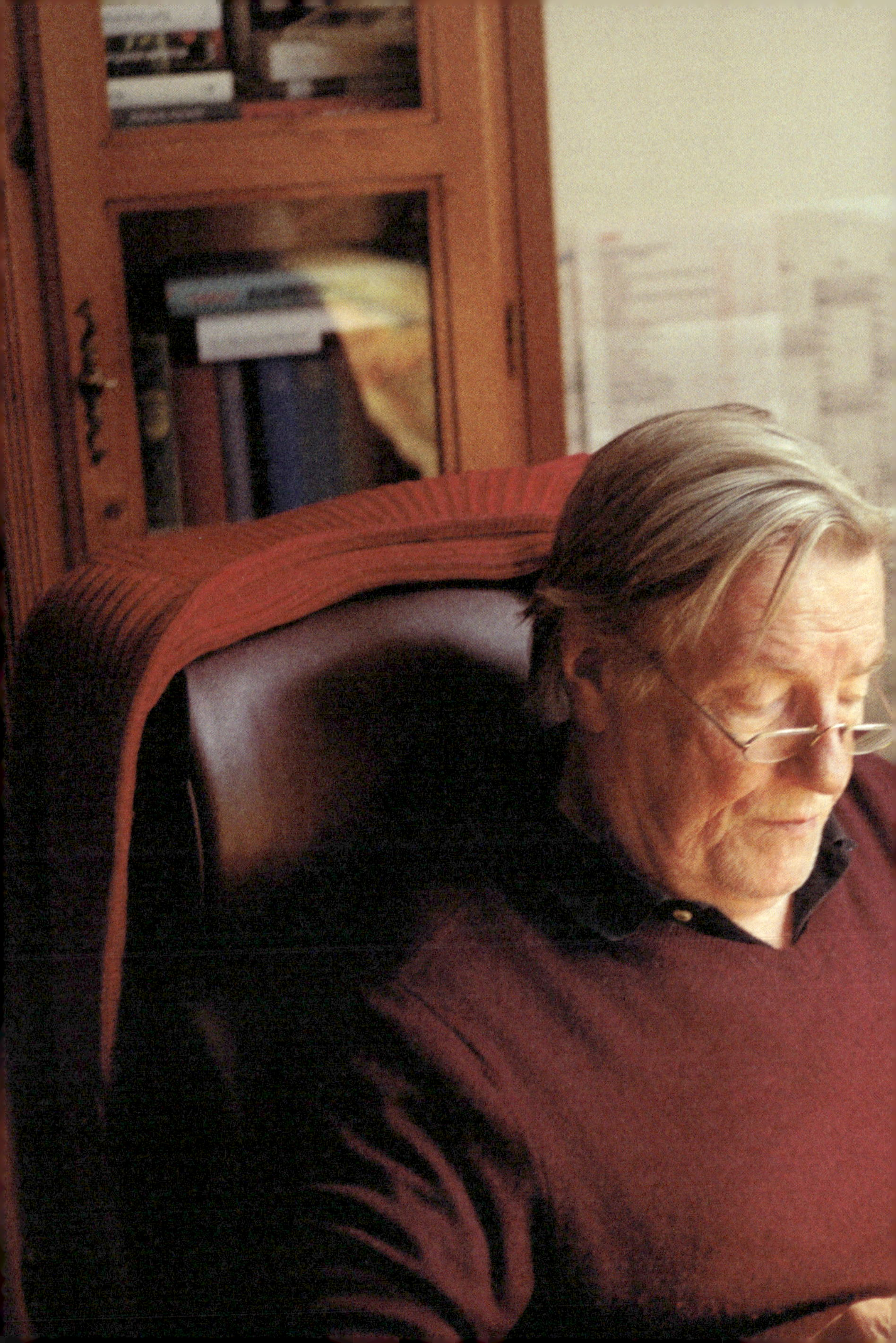

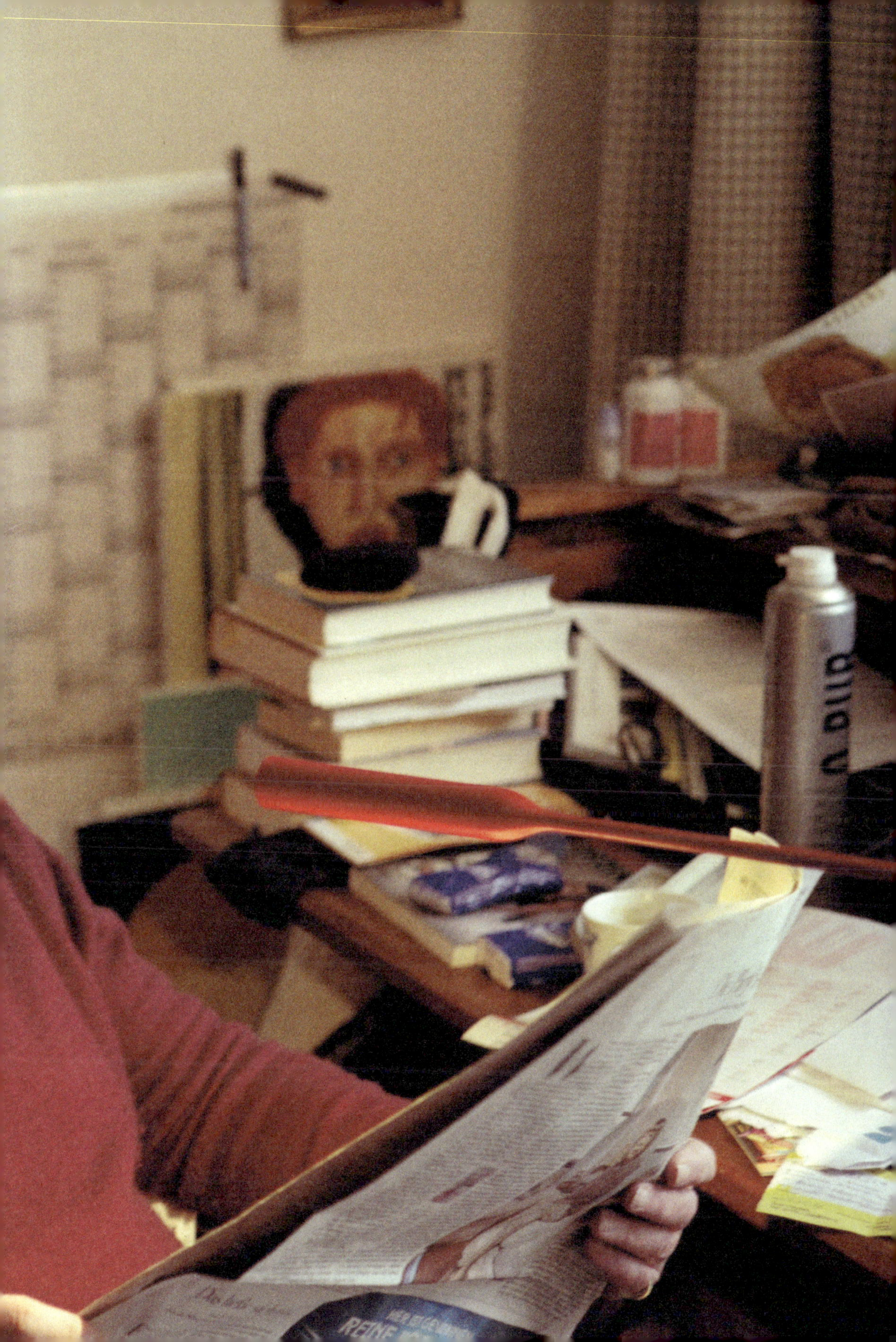

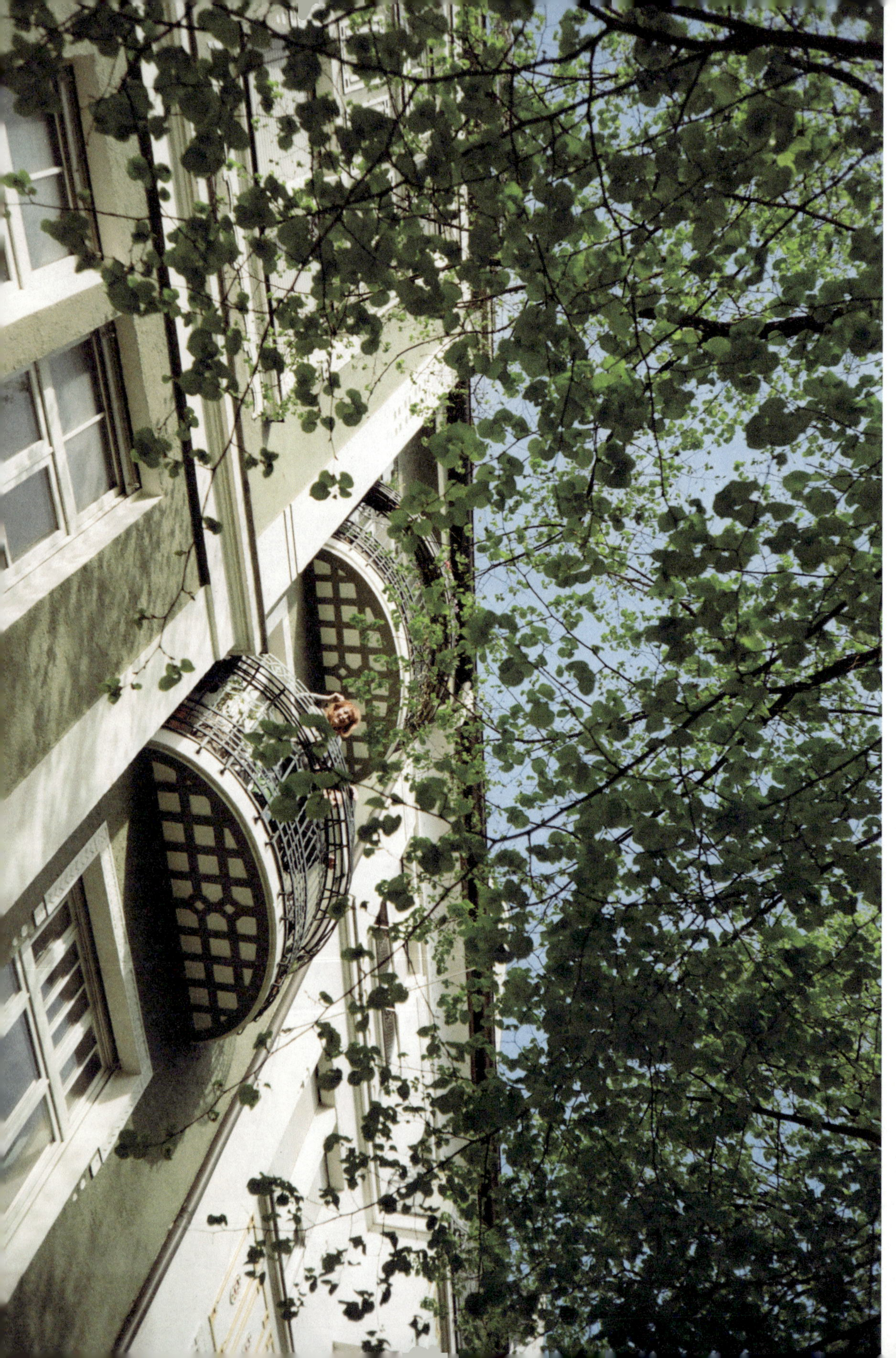

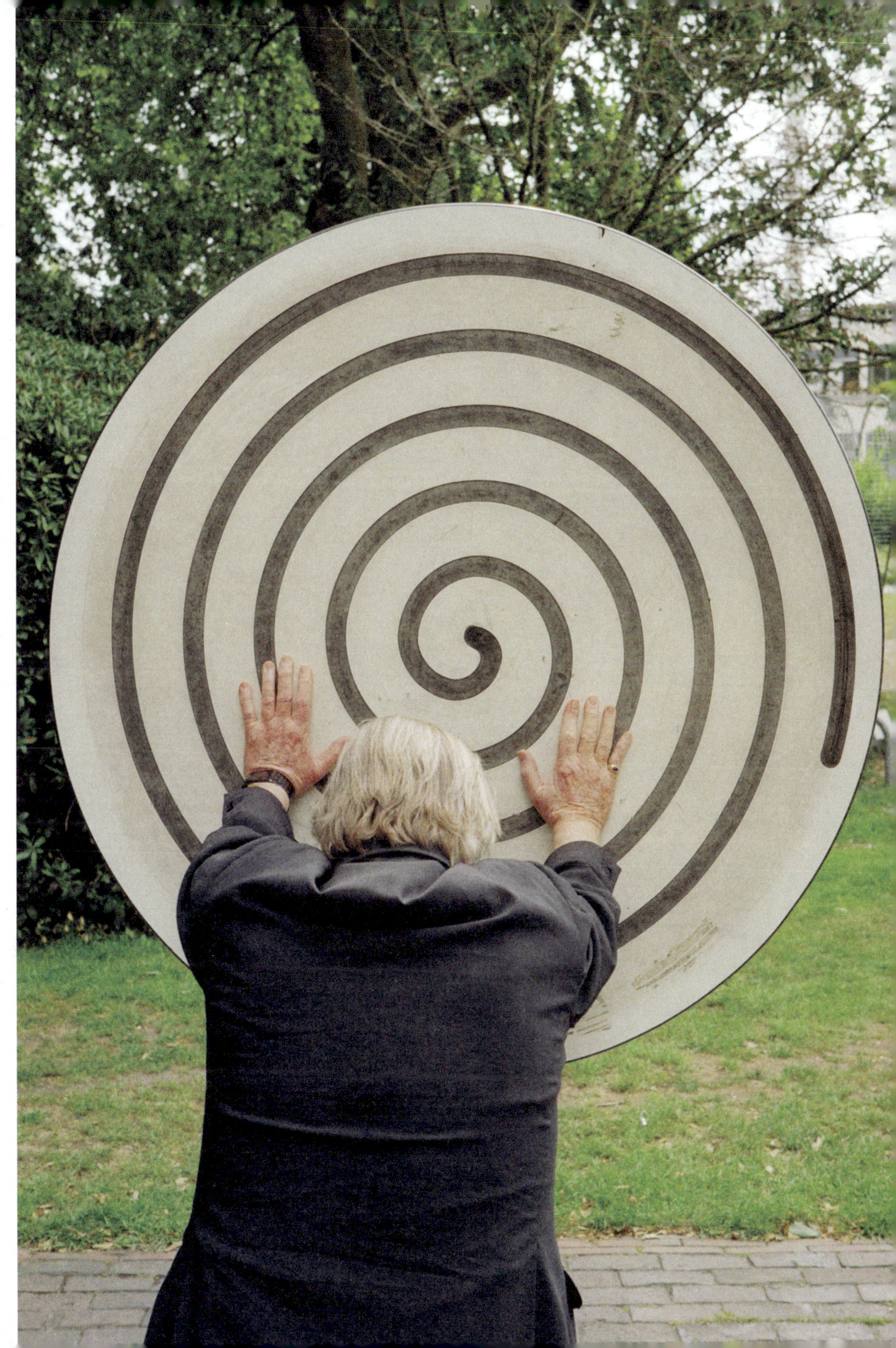

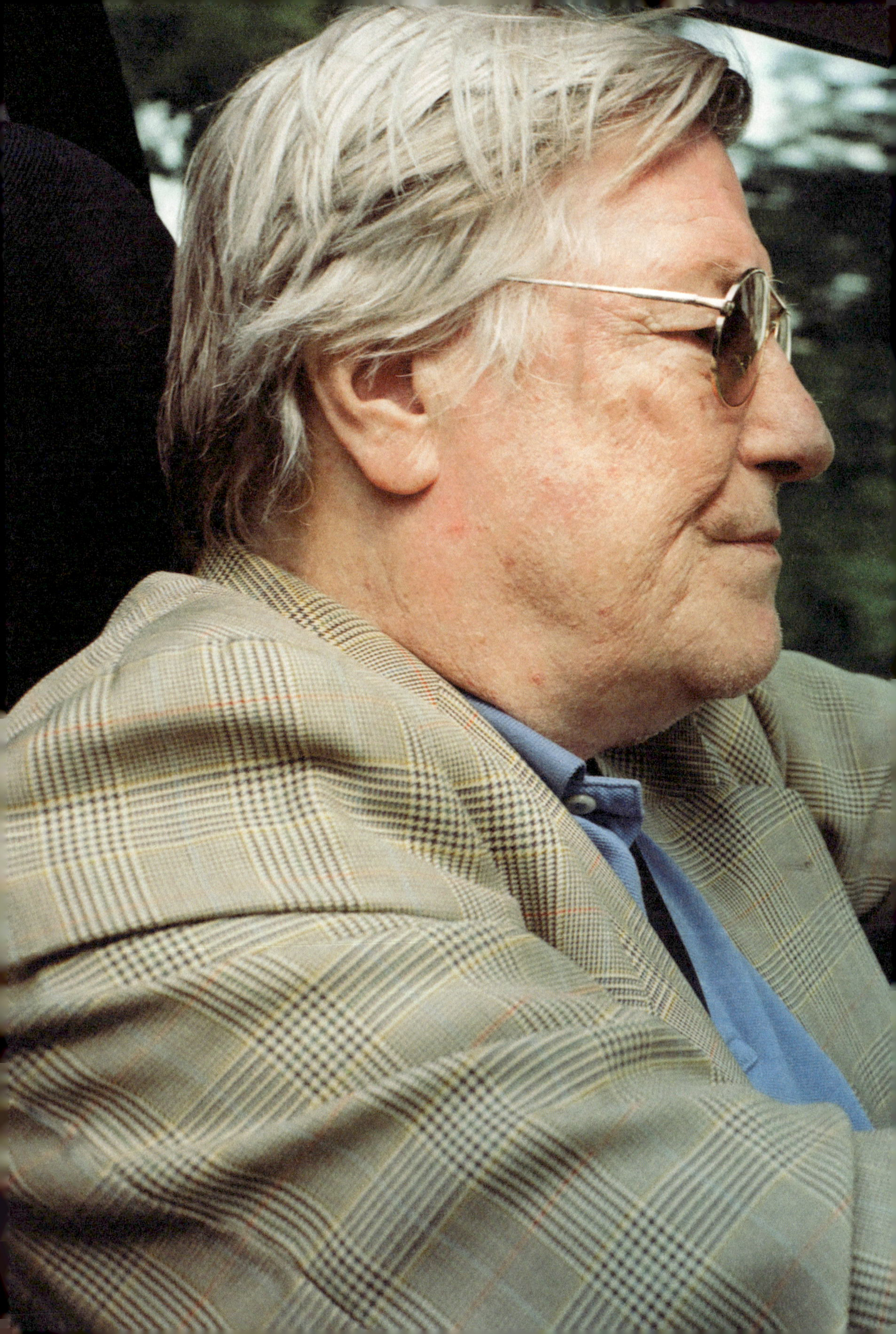

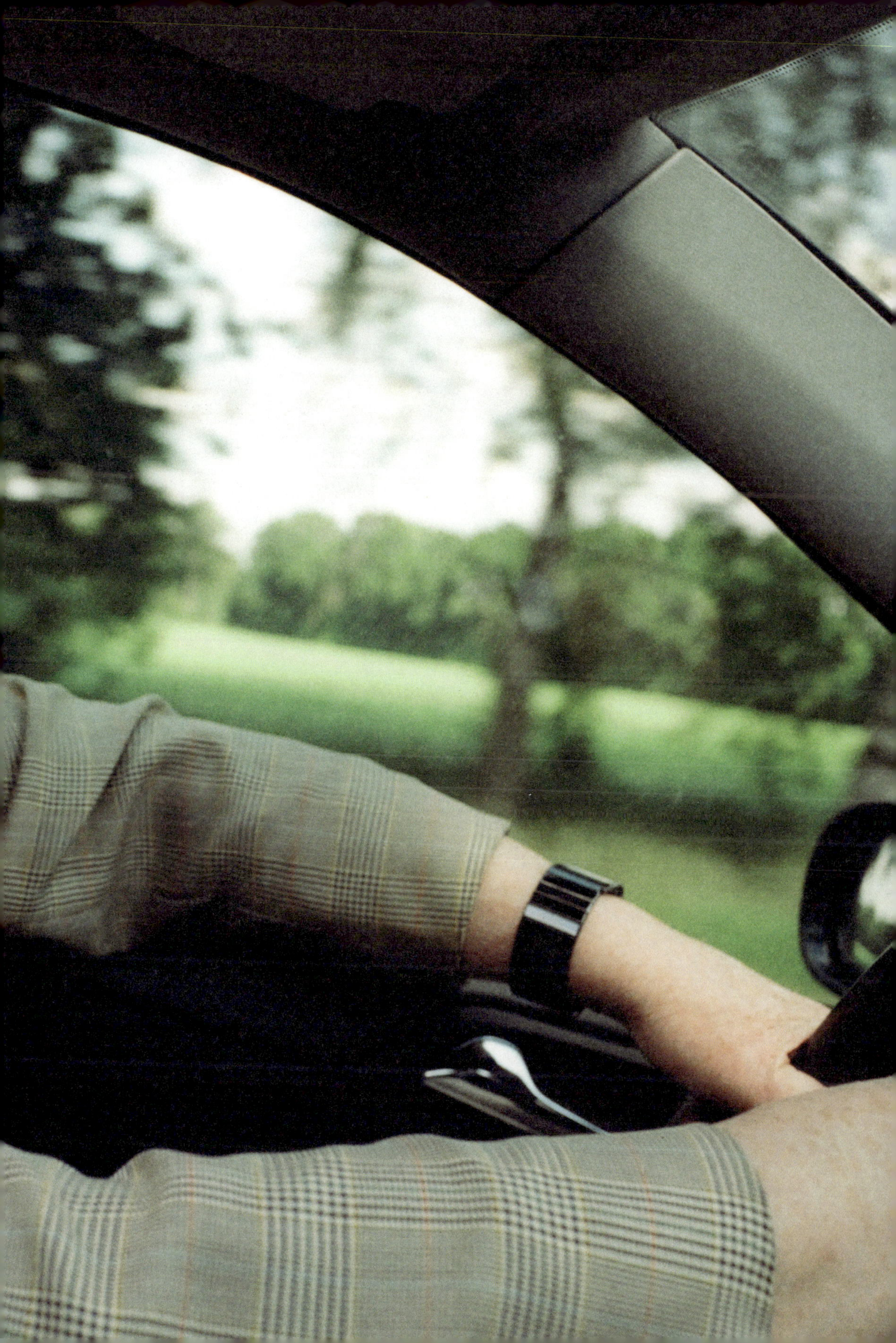

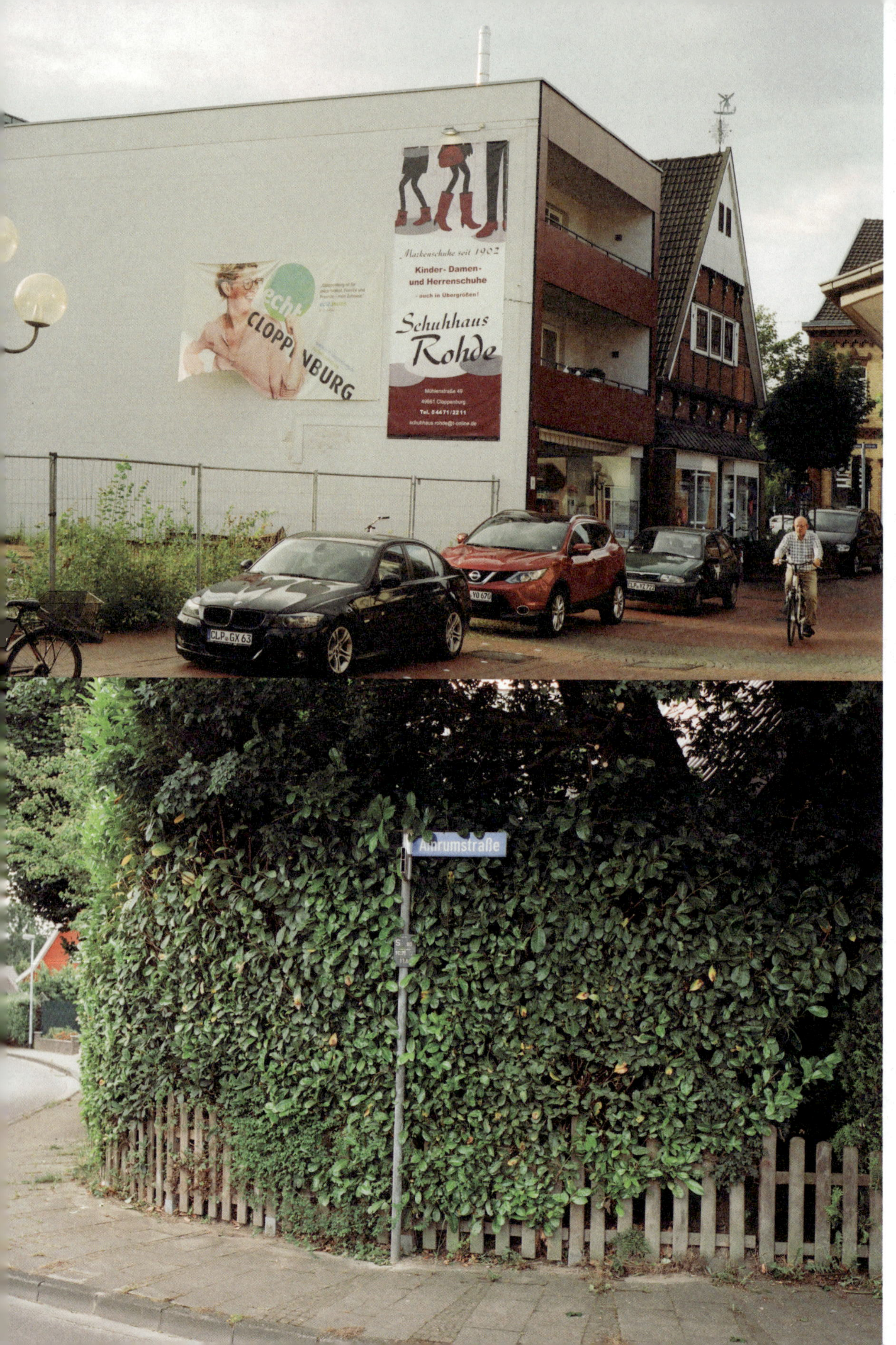
echt
CLOPPENBURG
Markenschuhe seit 1902
Kinder- Damen-
und Herrenschuhe
- auch in Übergrößen!
Schuhhaus
Rohde
Amrumstraße

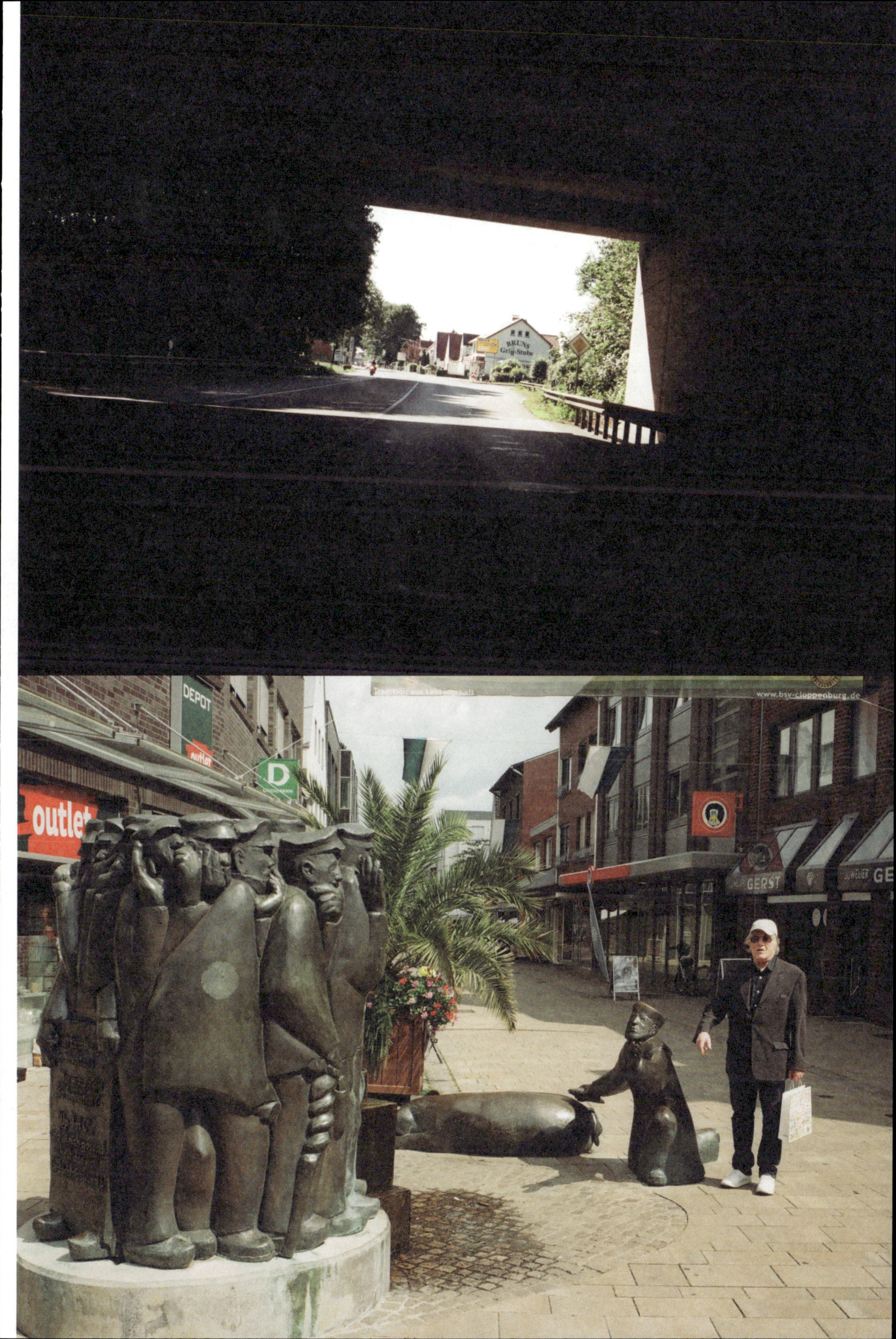
BRUNS
DEPOT
outlet
www.bsv-cloppenburg.de
GERST

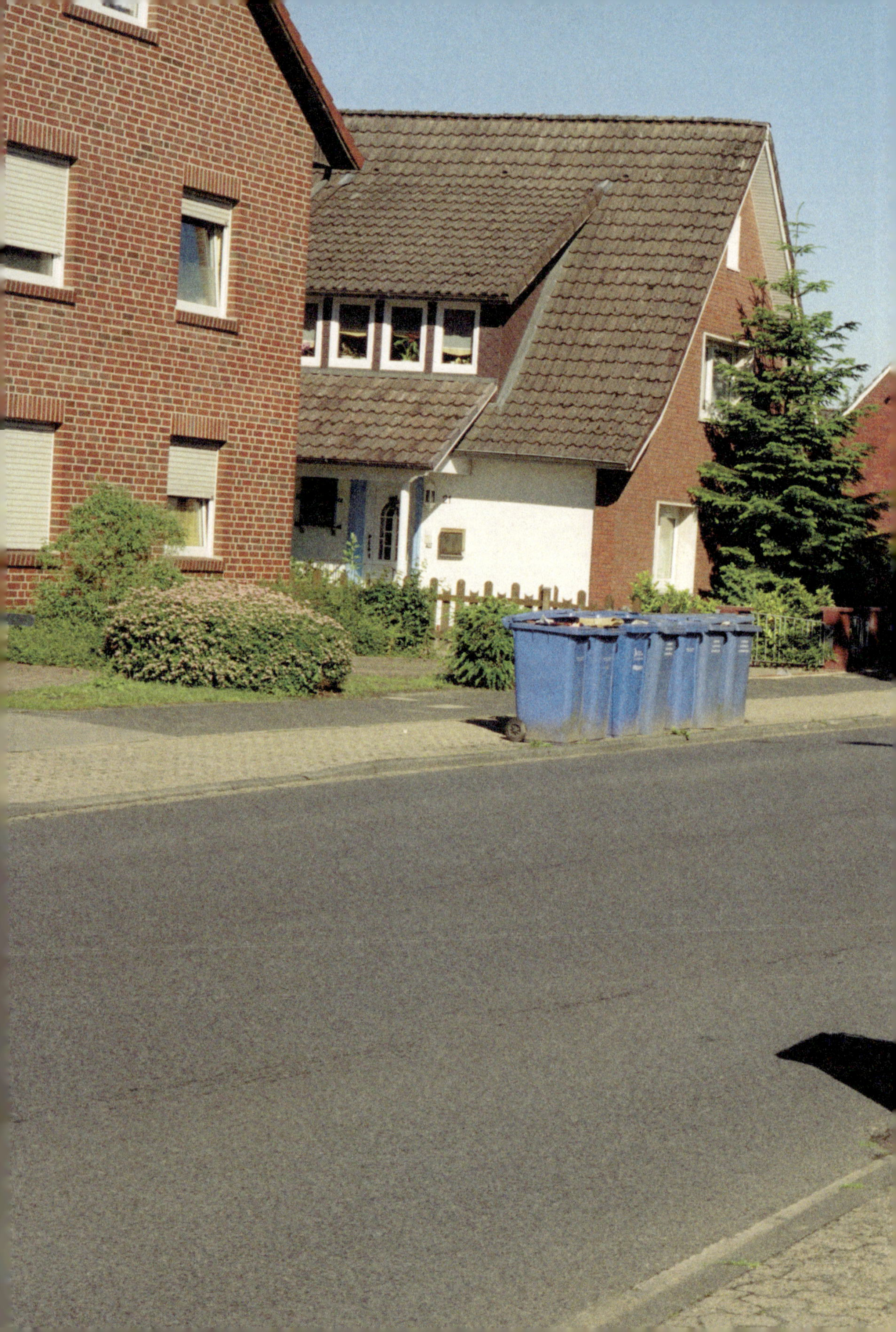

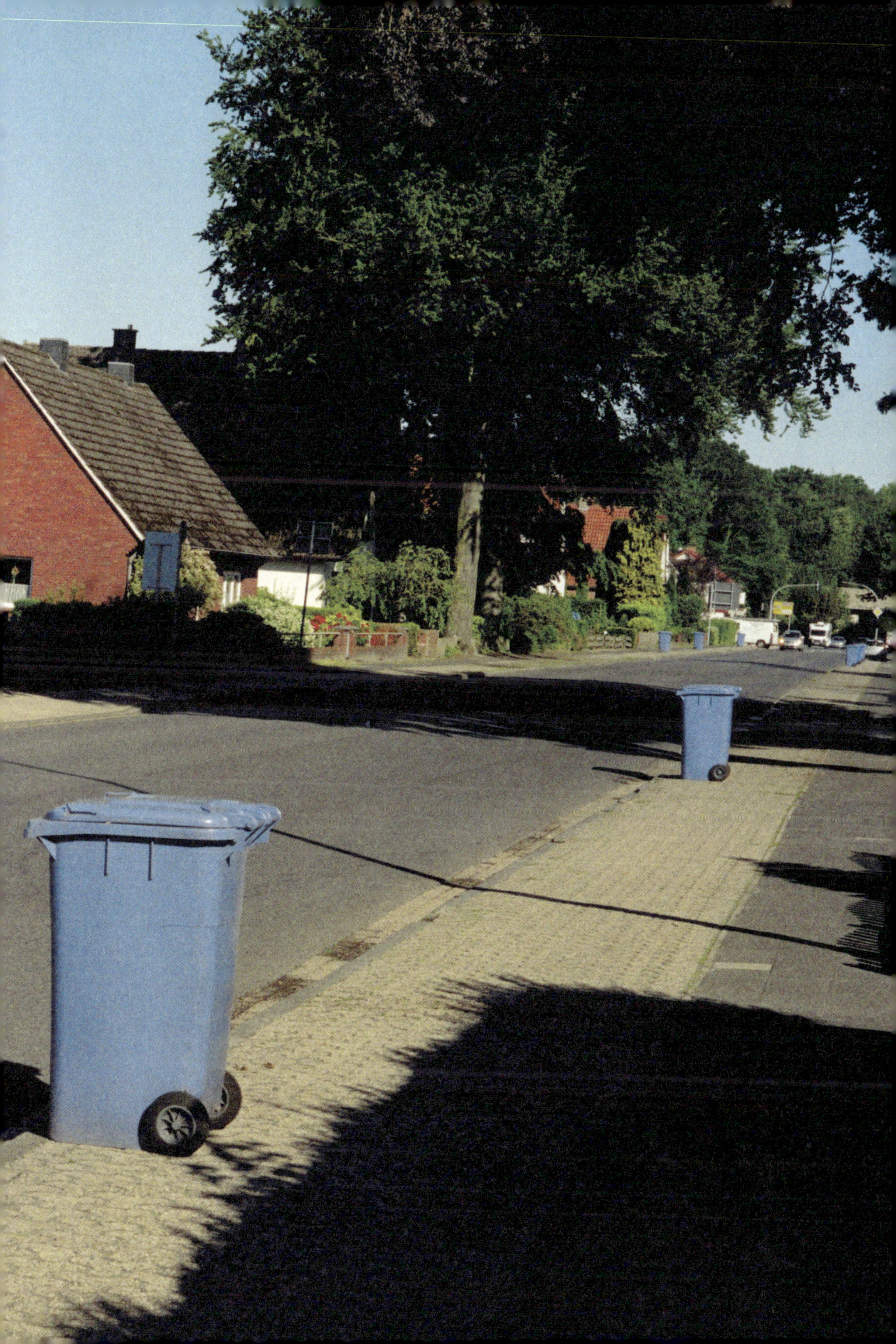

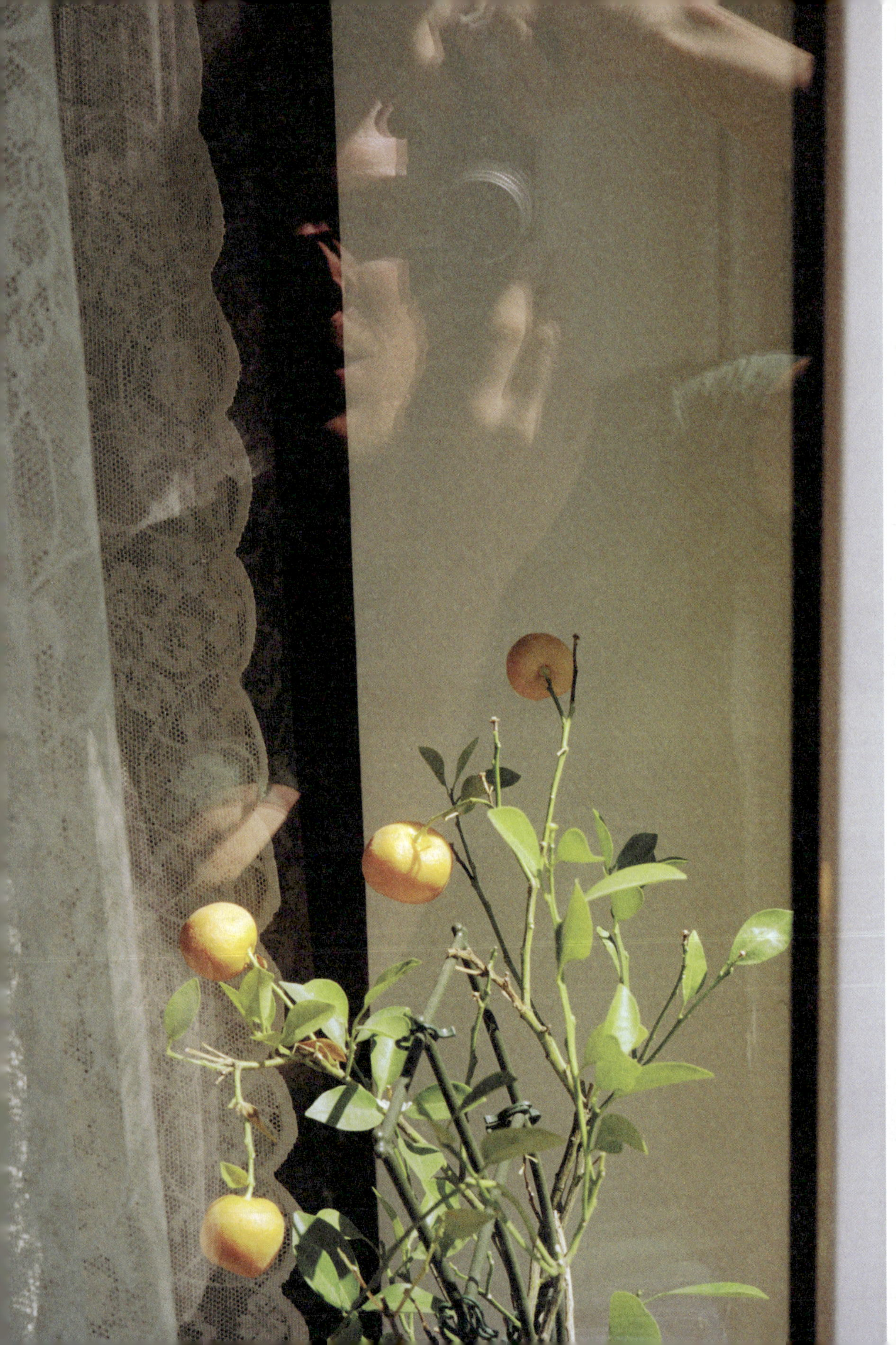

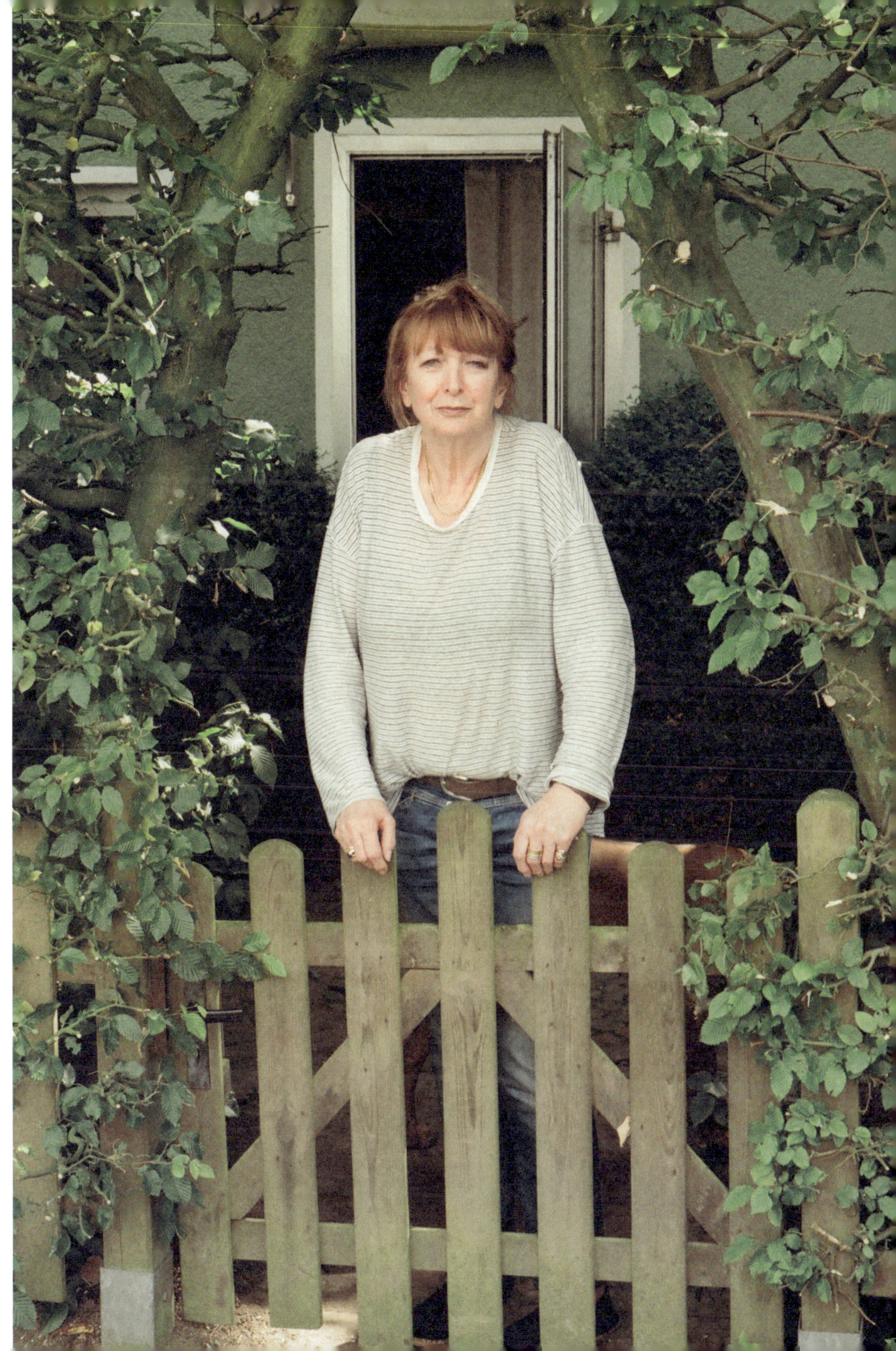

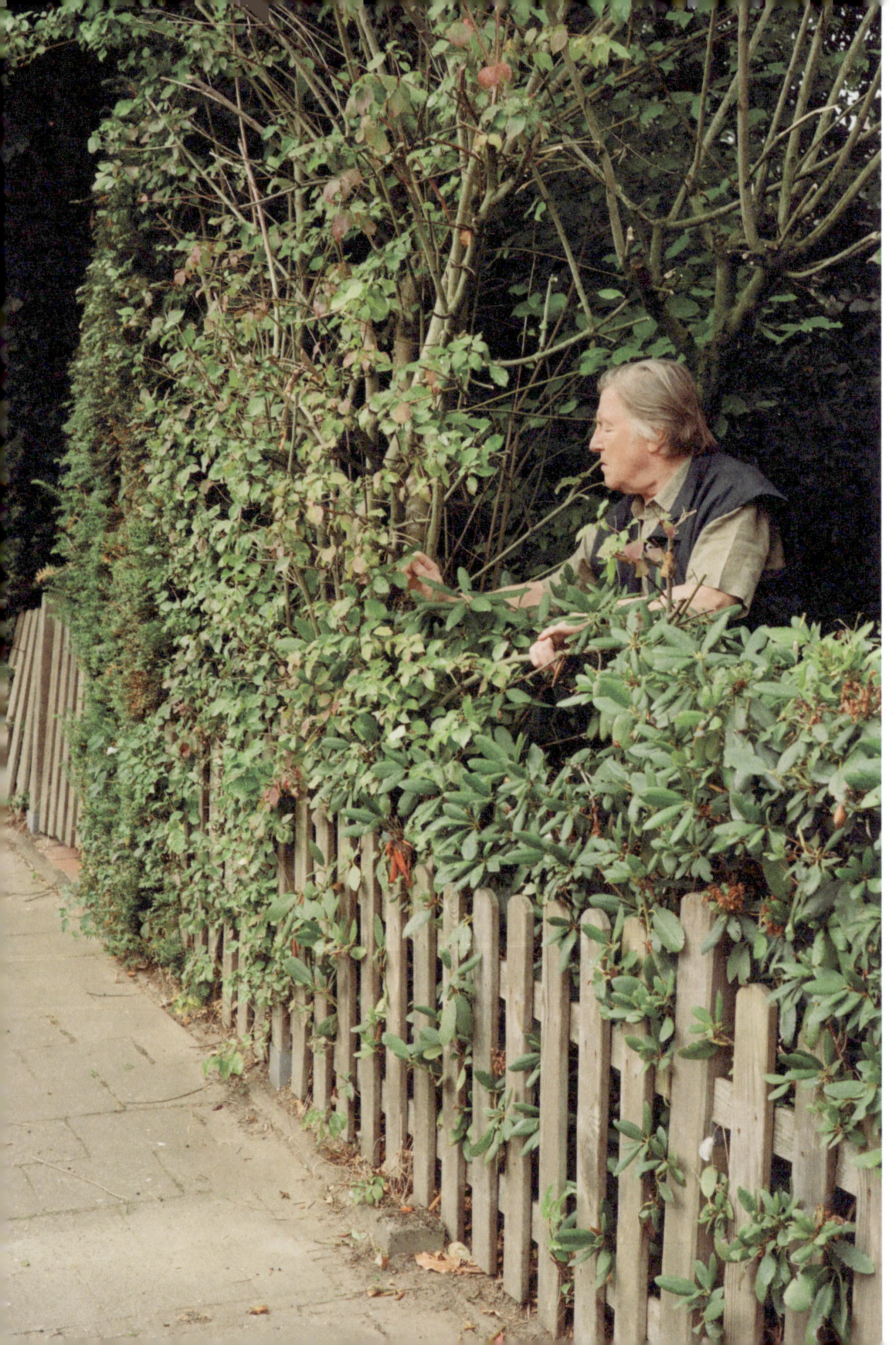

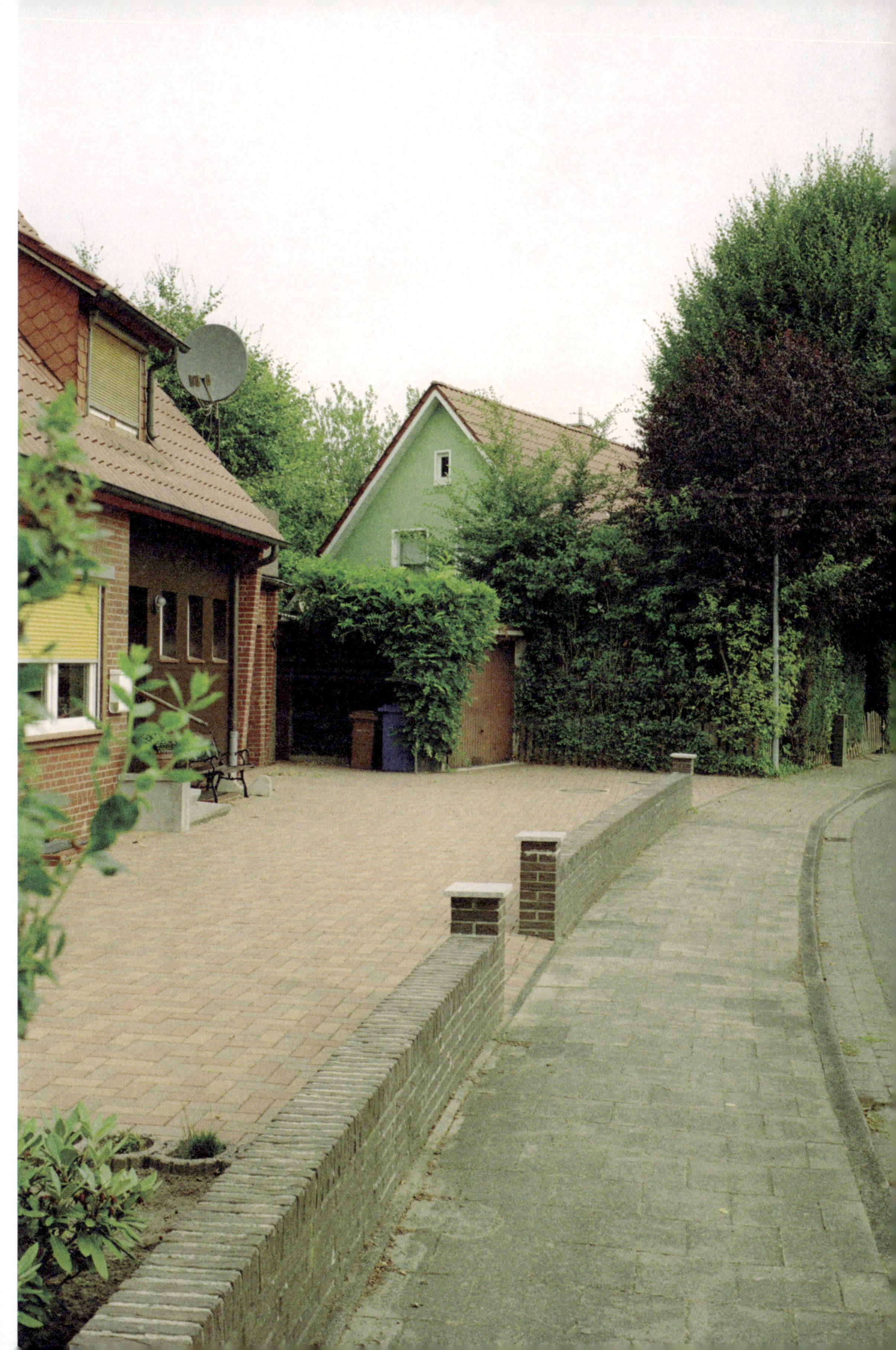

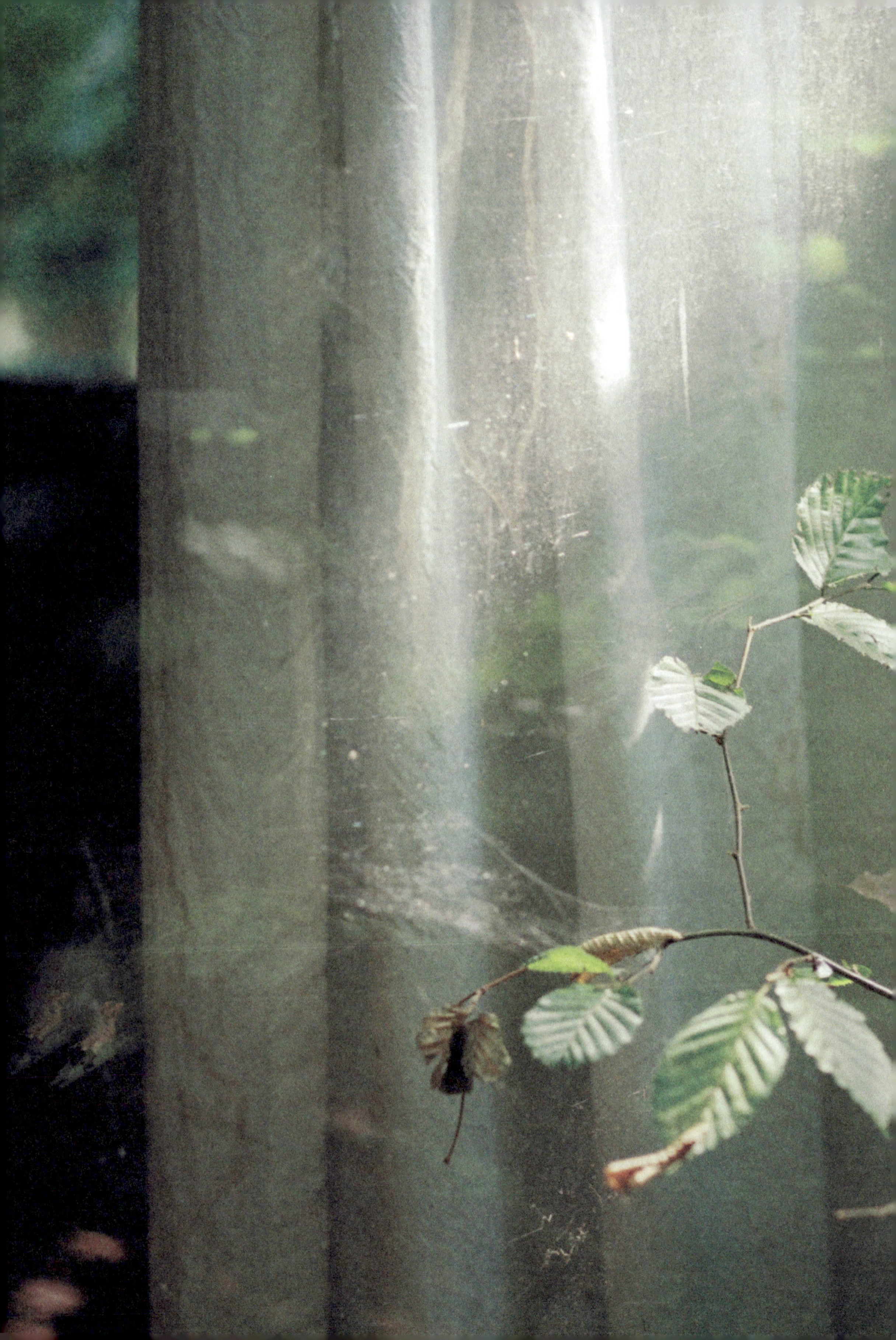

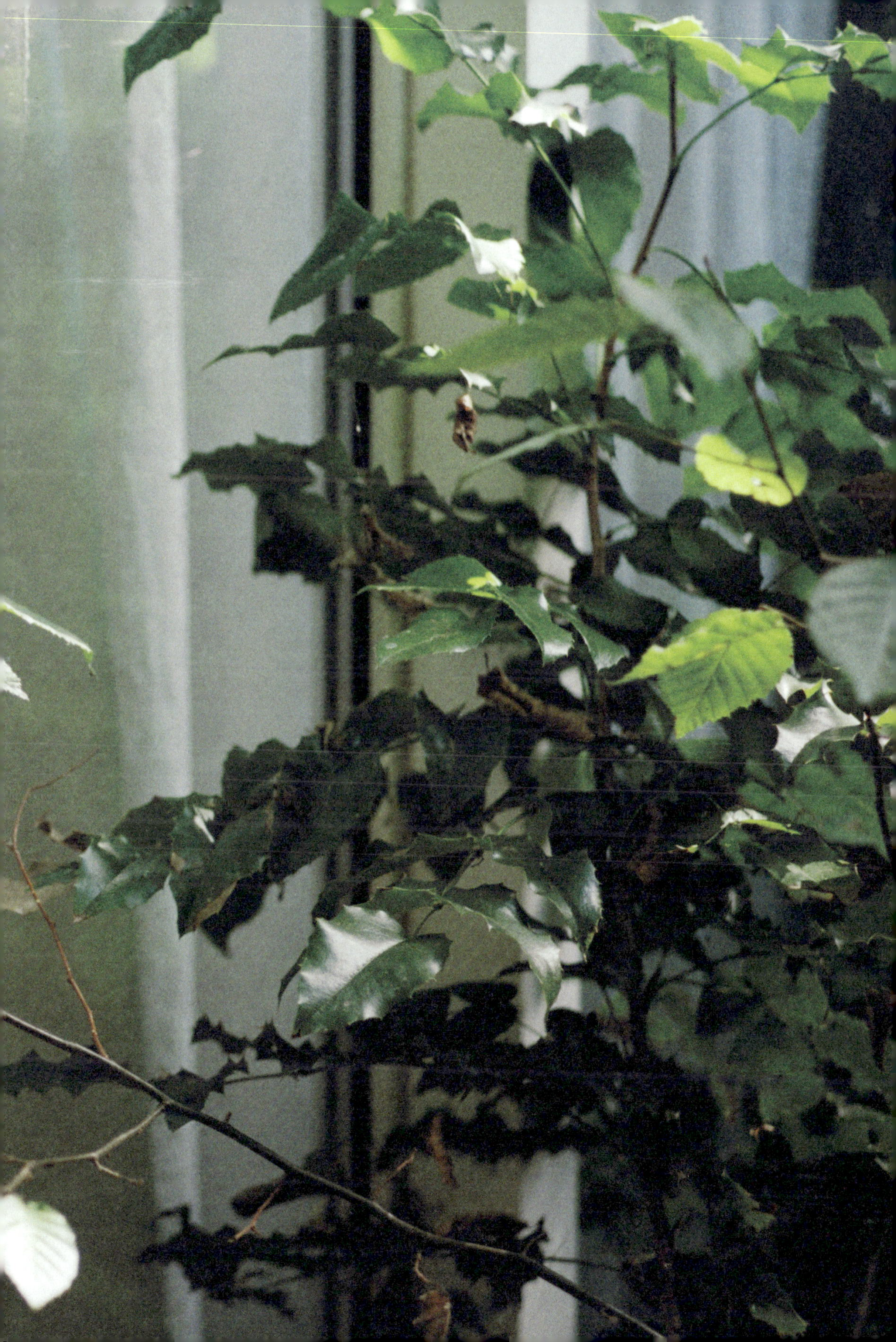

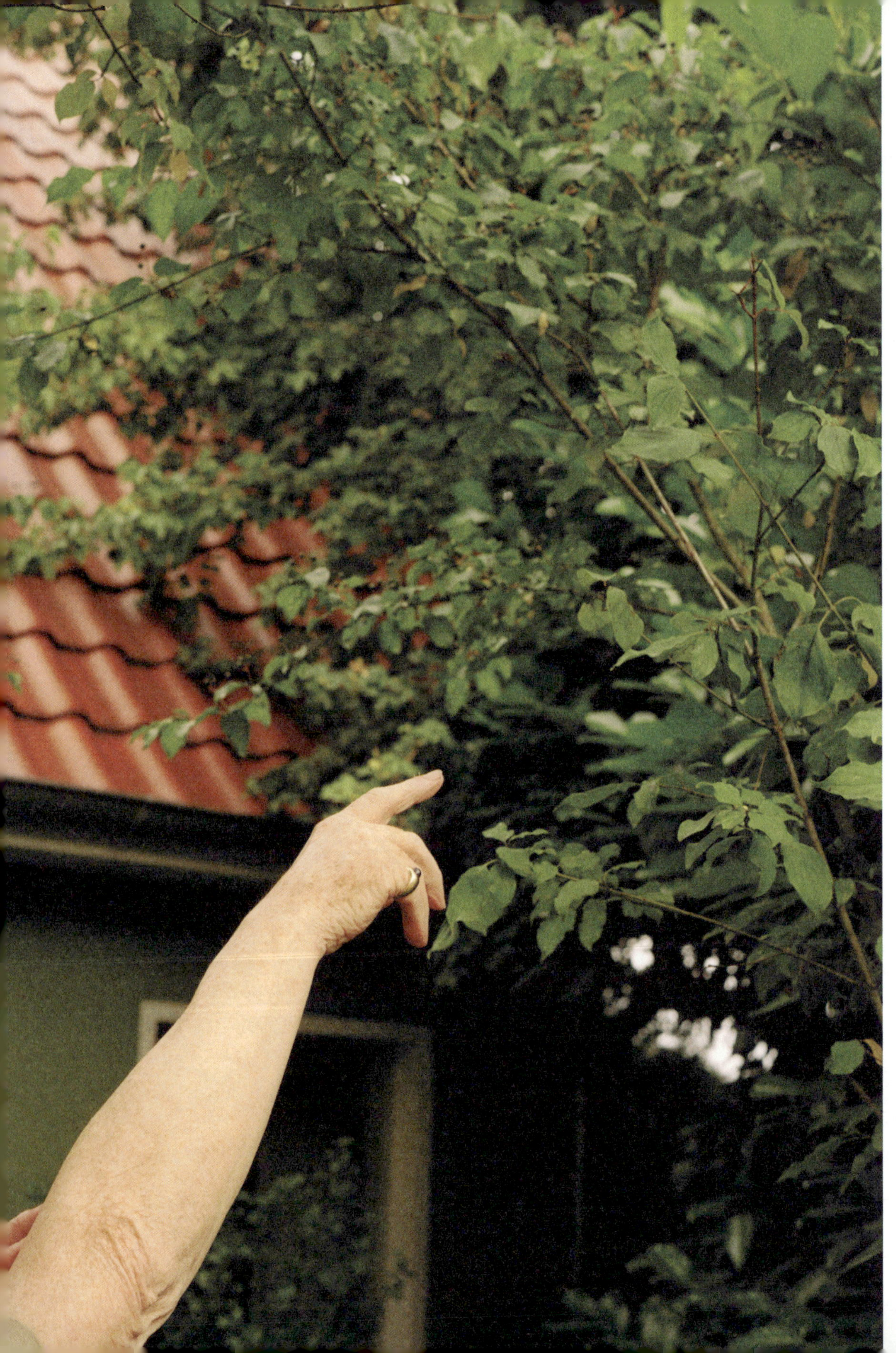

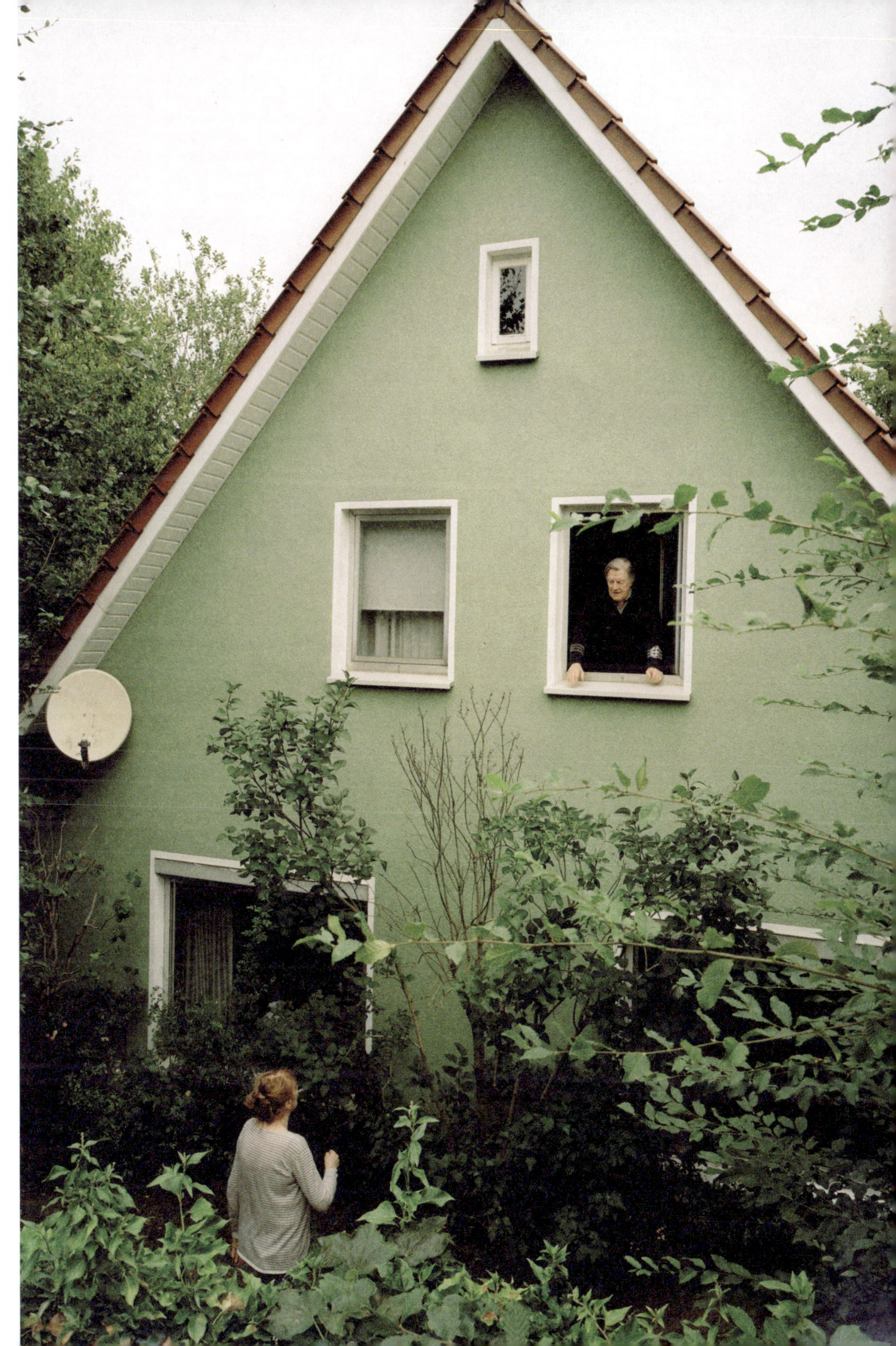

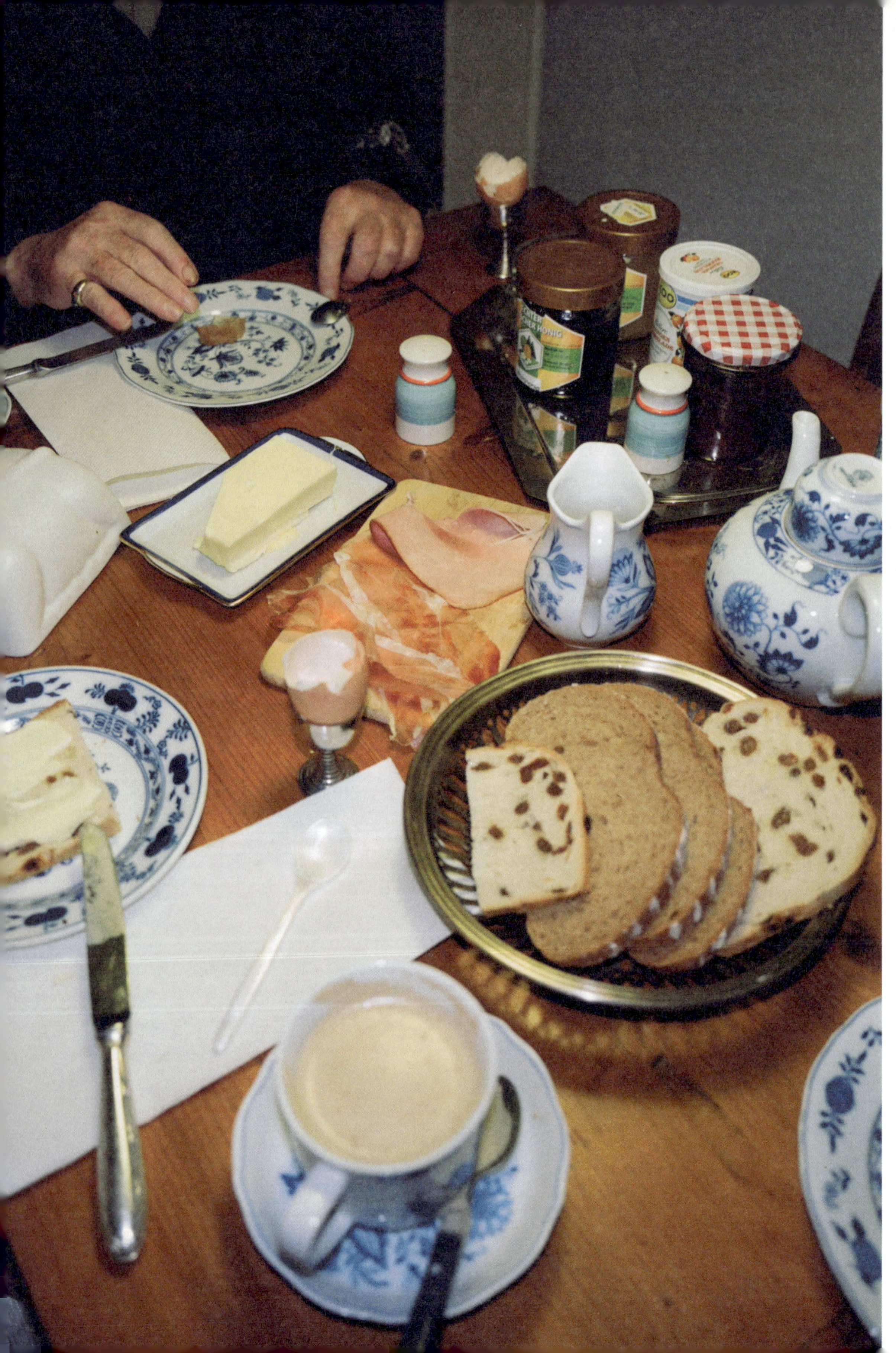

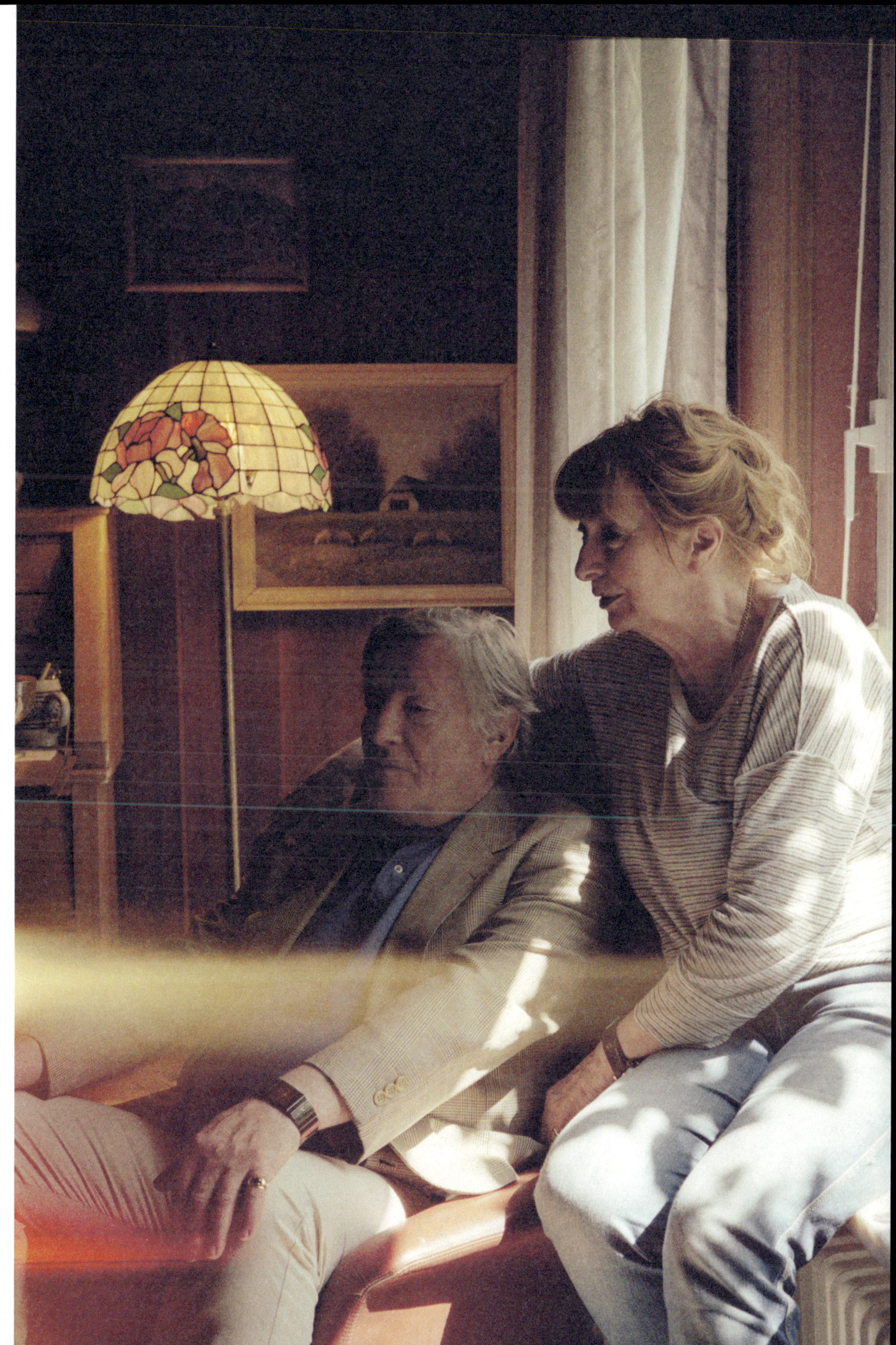

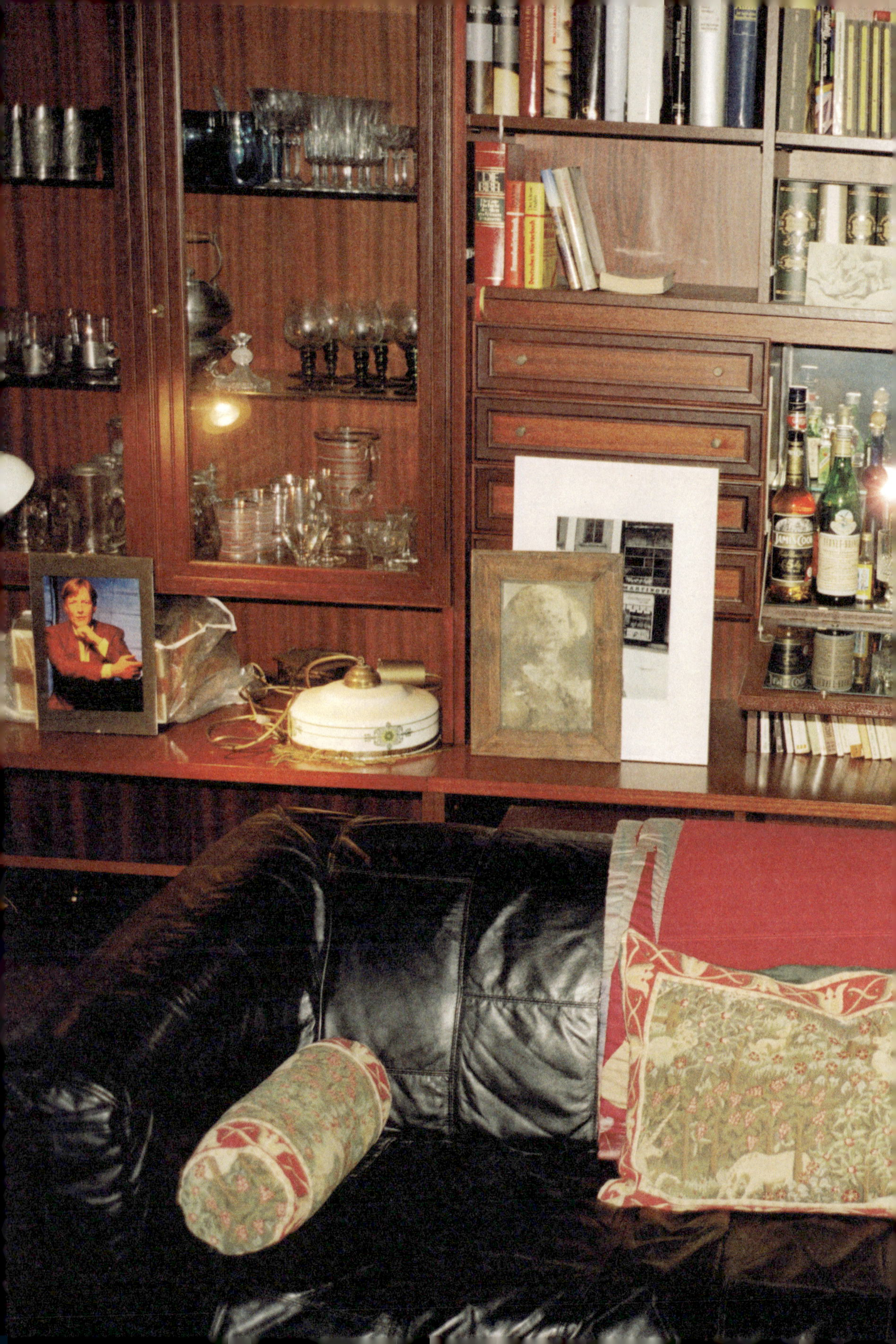

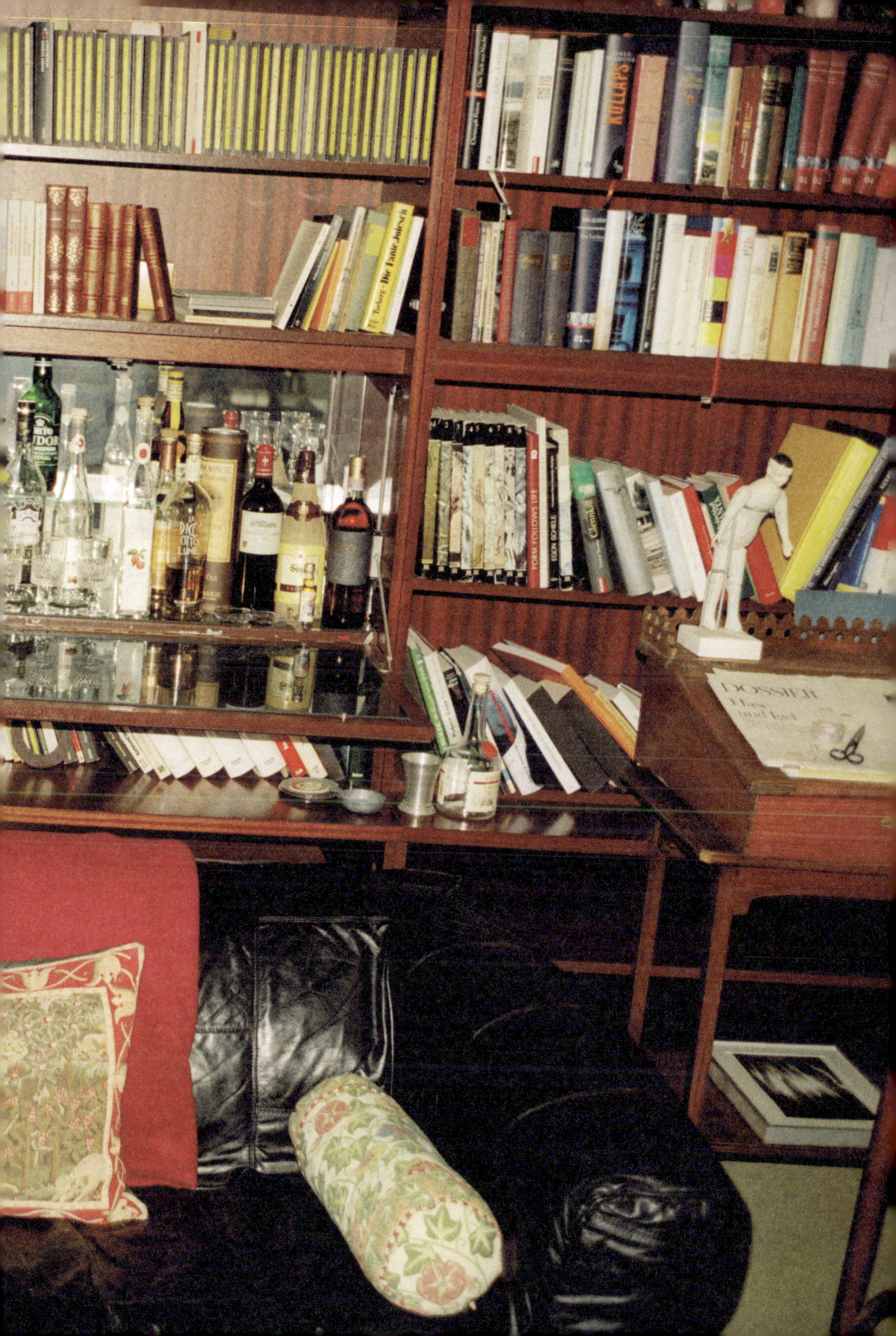
Torberg Die Tante Jolesch
FORM FOLLOWS LIFE
EGON SCHIELE
DOSSIER
Hase und Igel

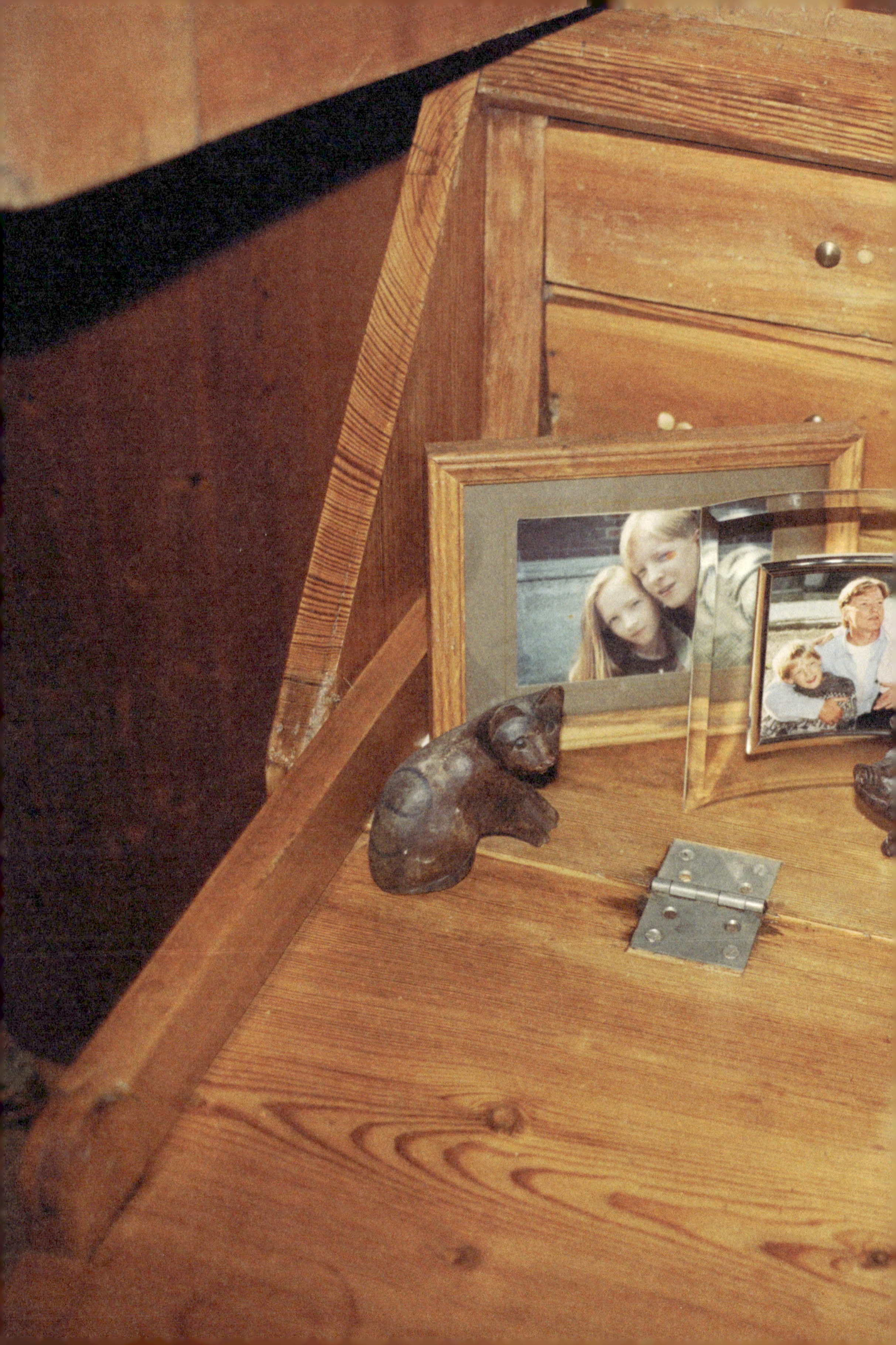

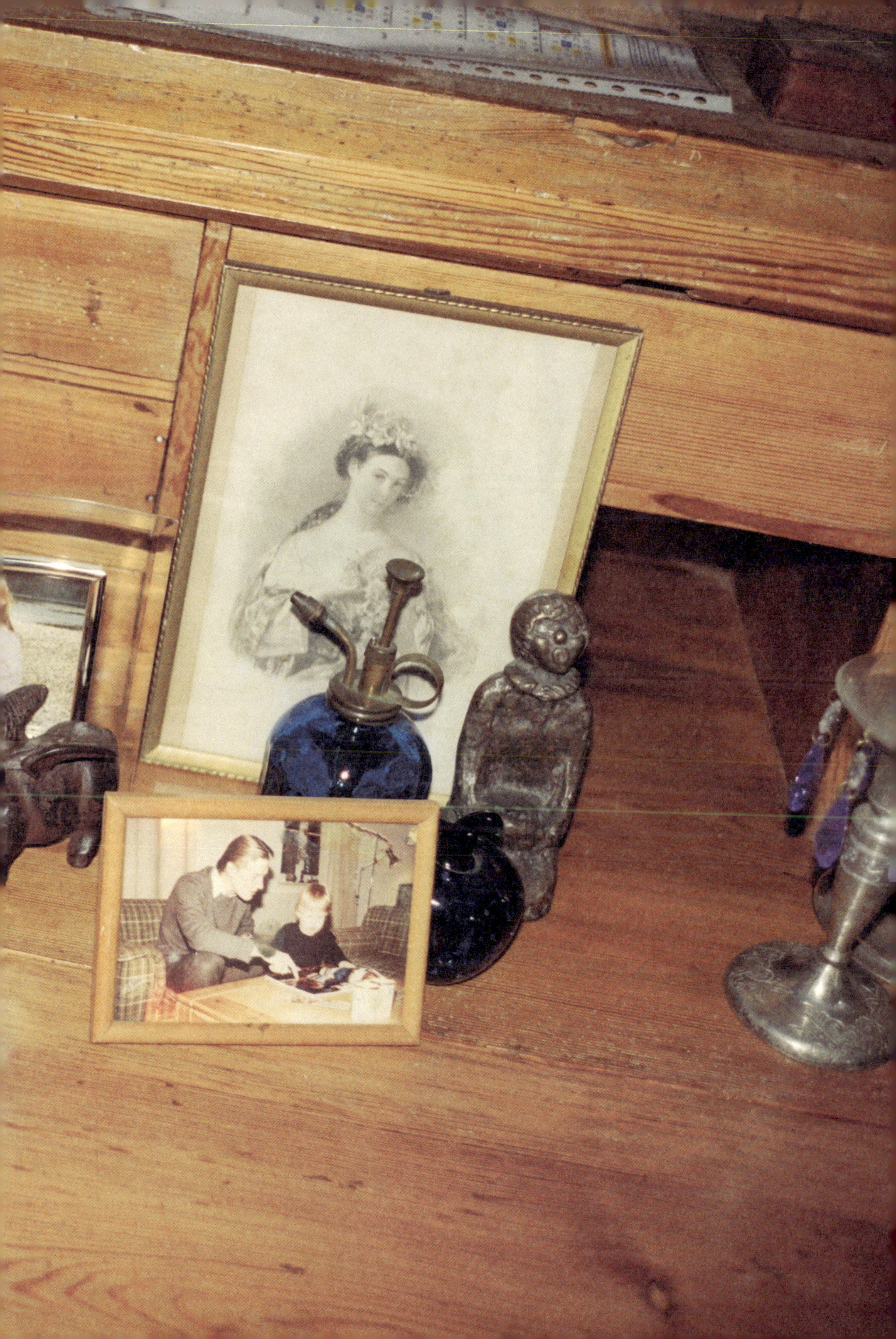

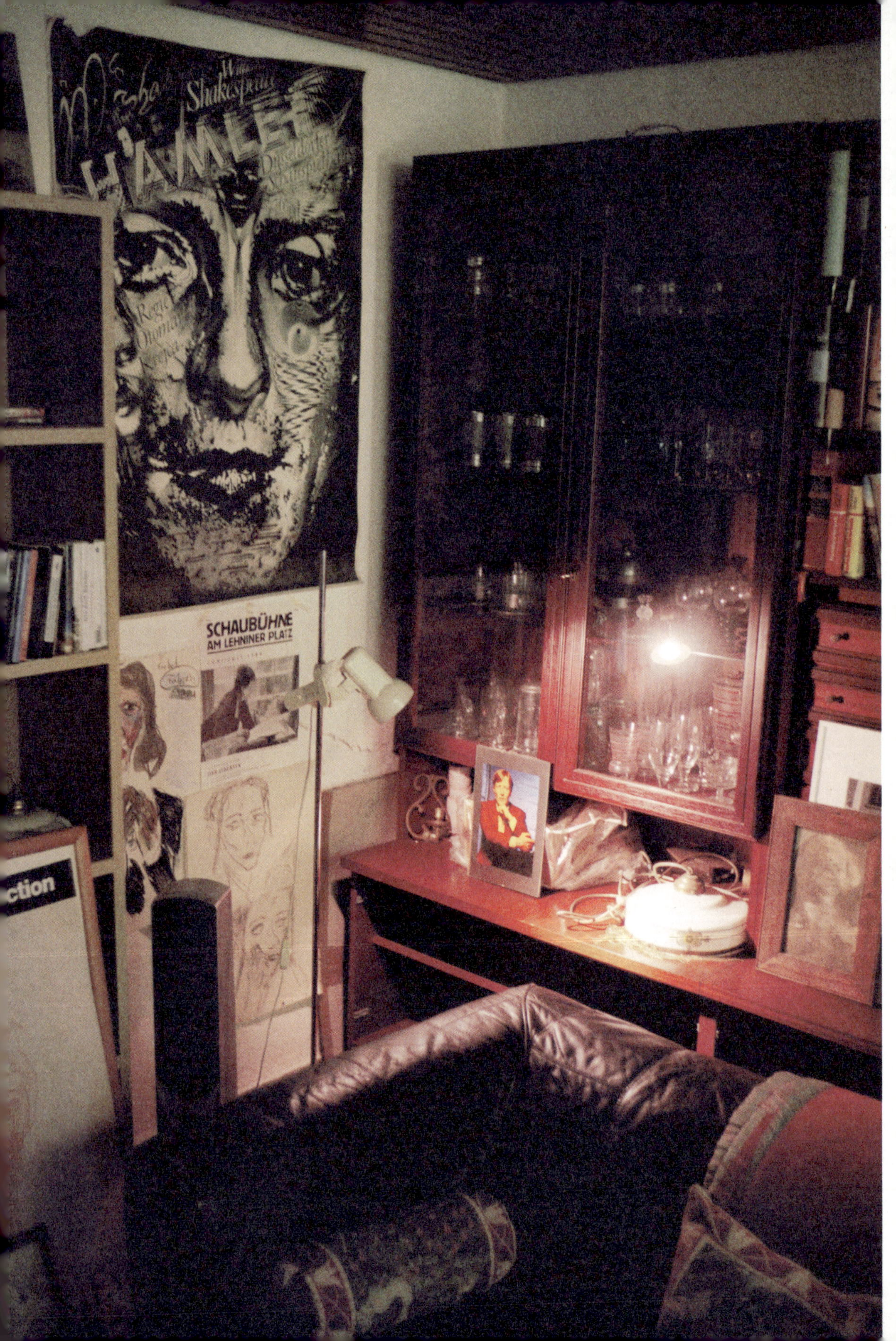
Shakespeare
HAMLET
SCHAUBÜHNE
AM LEHNINER PLATZ
ction

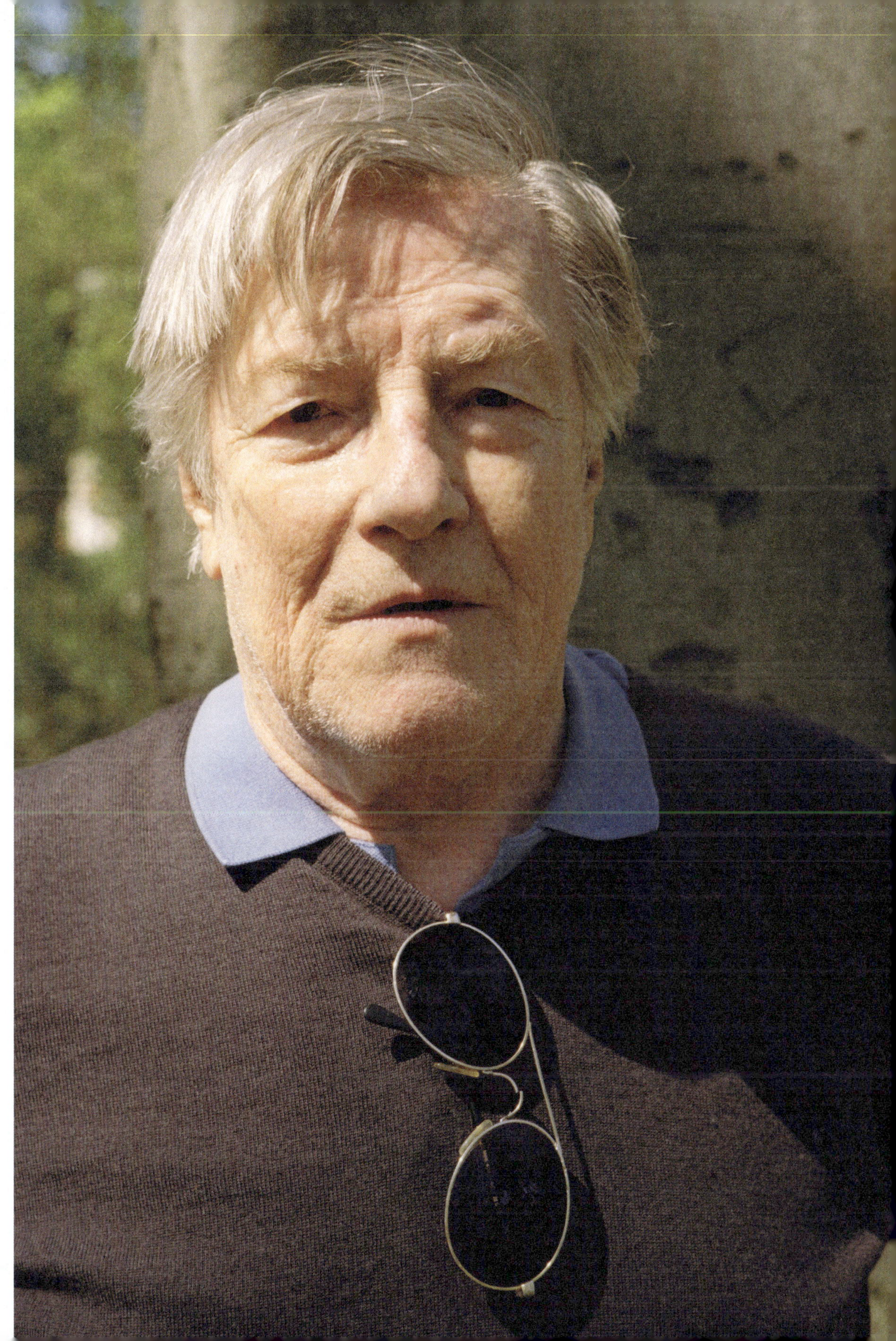

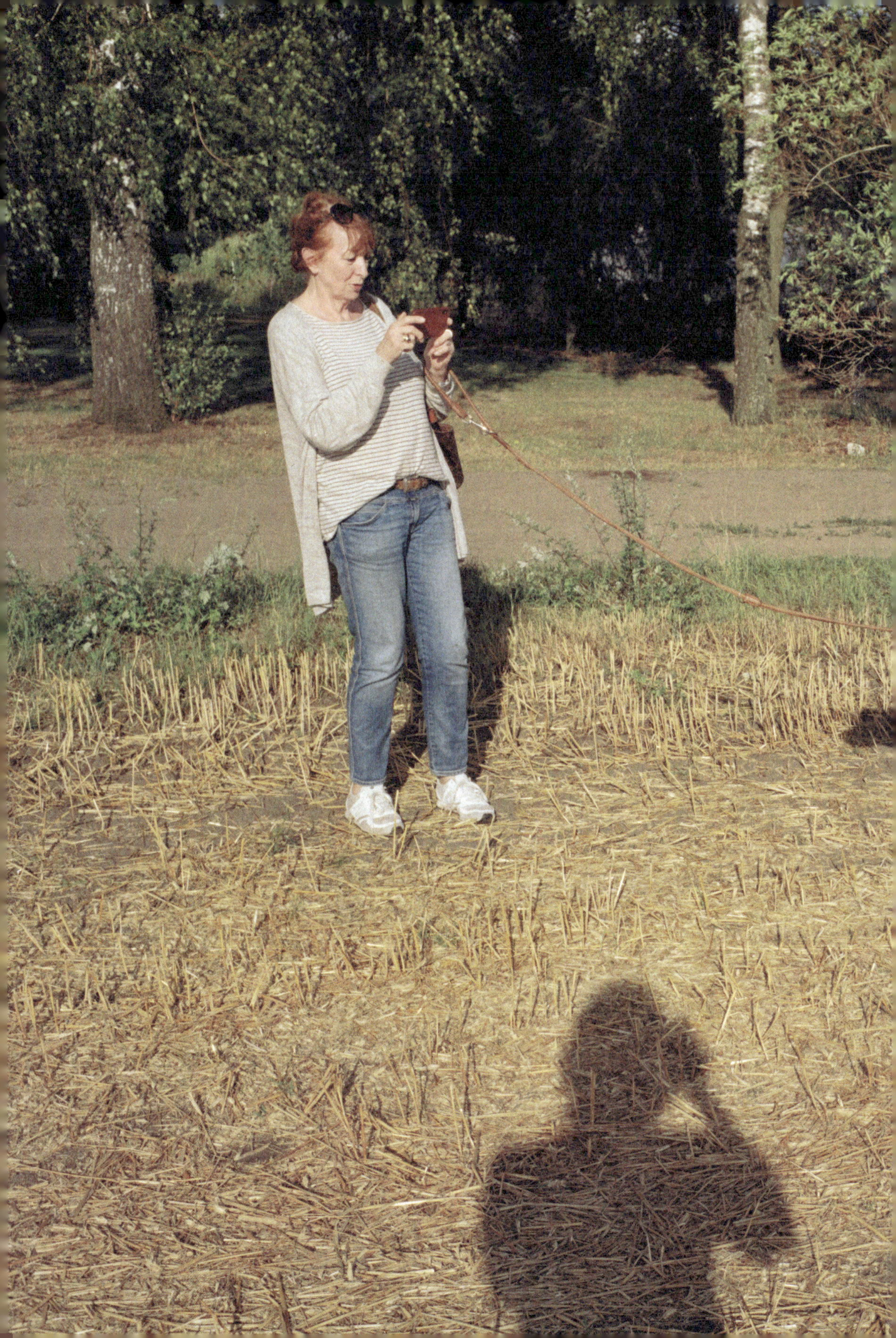

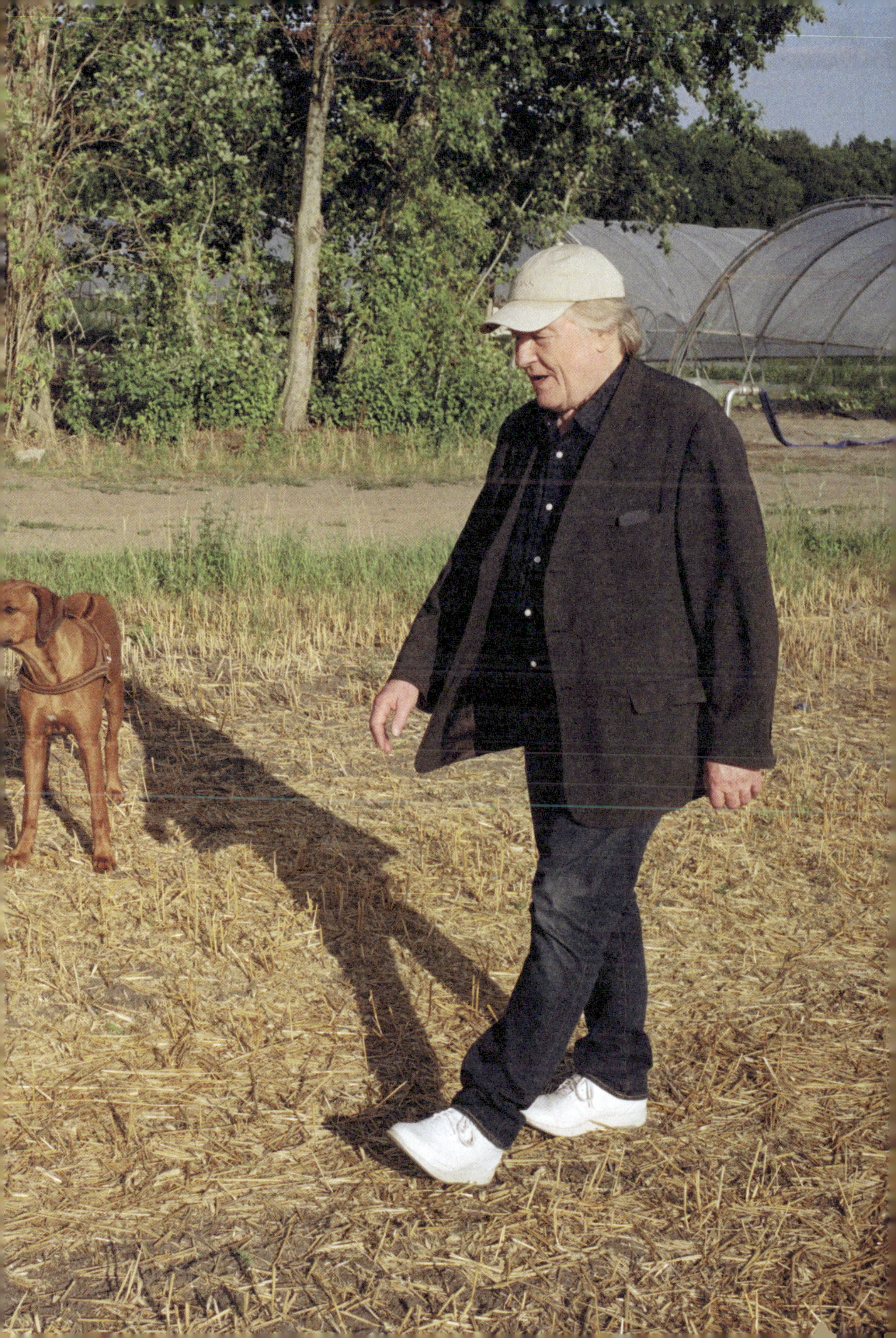

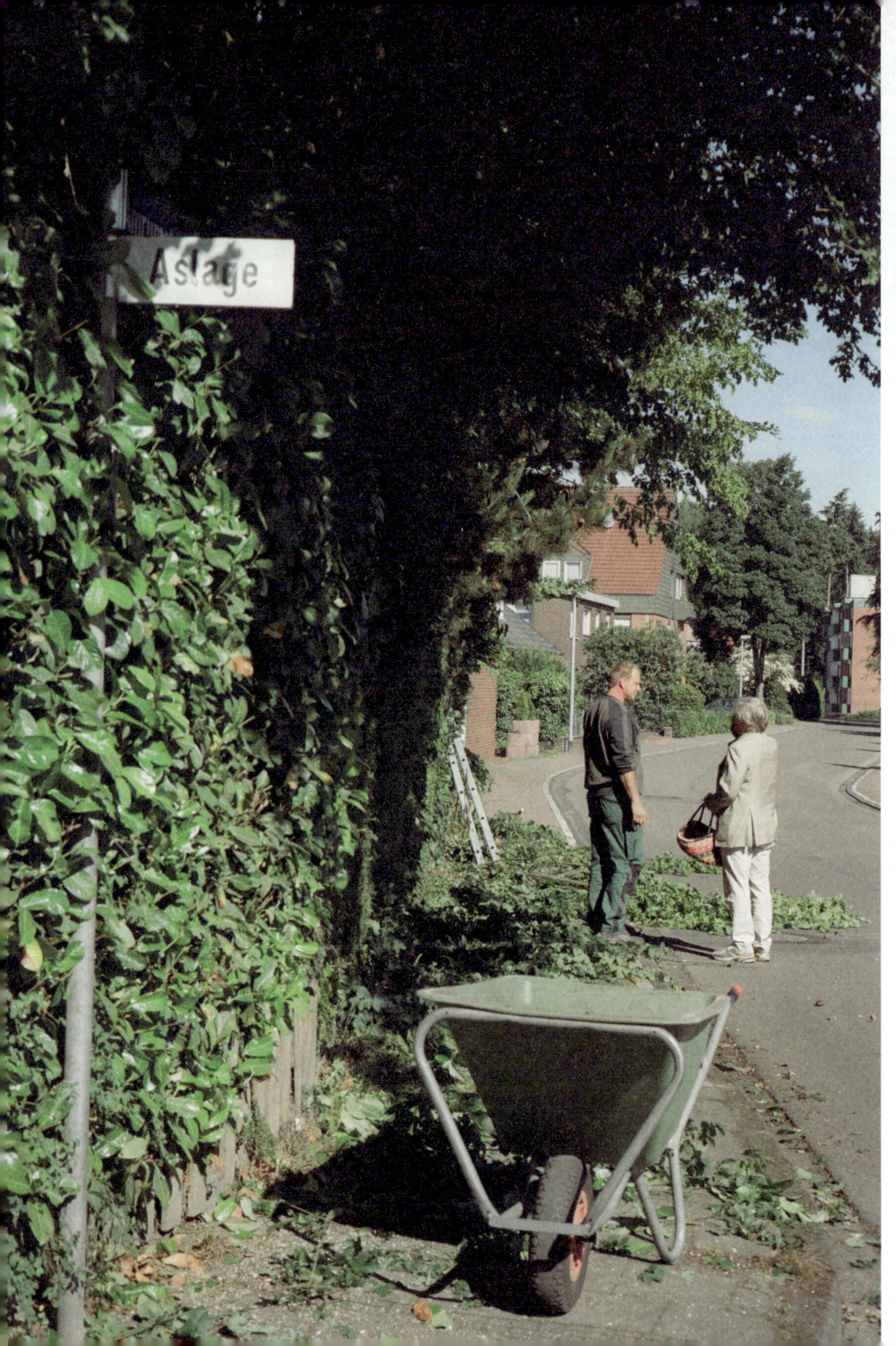
Aslage

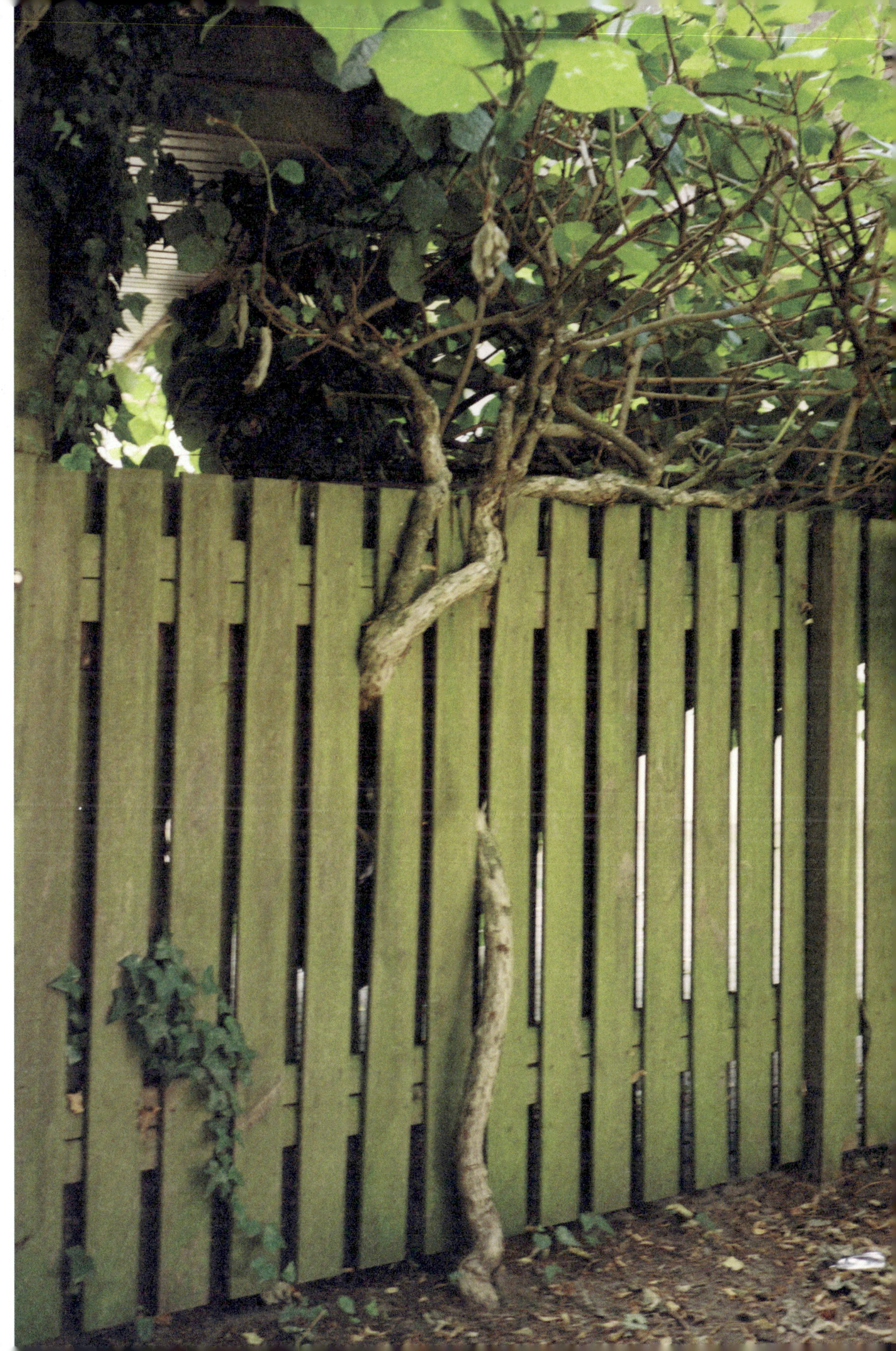

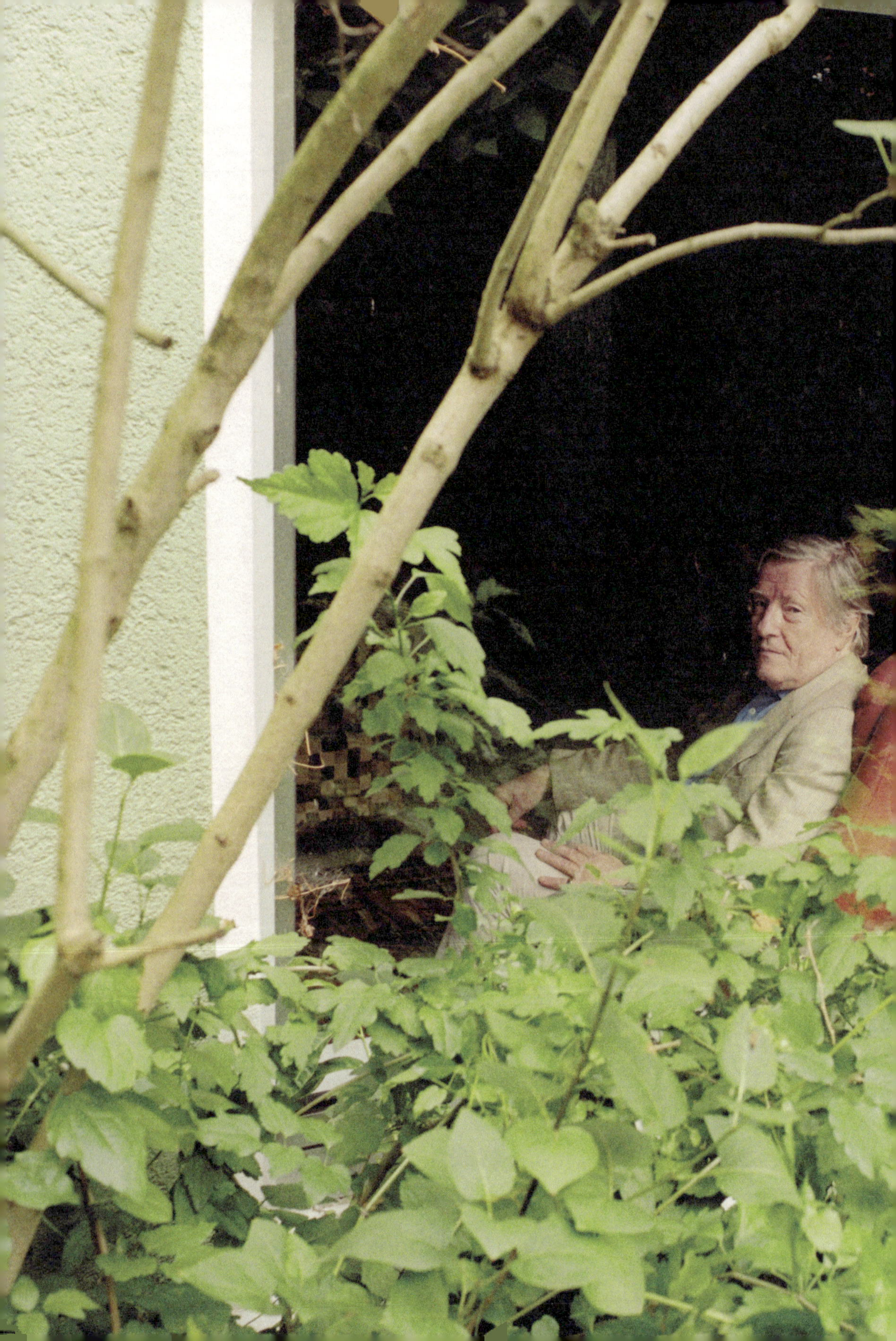

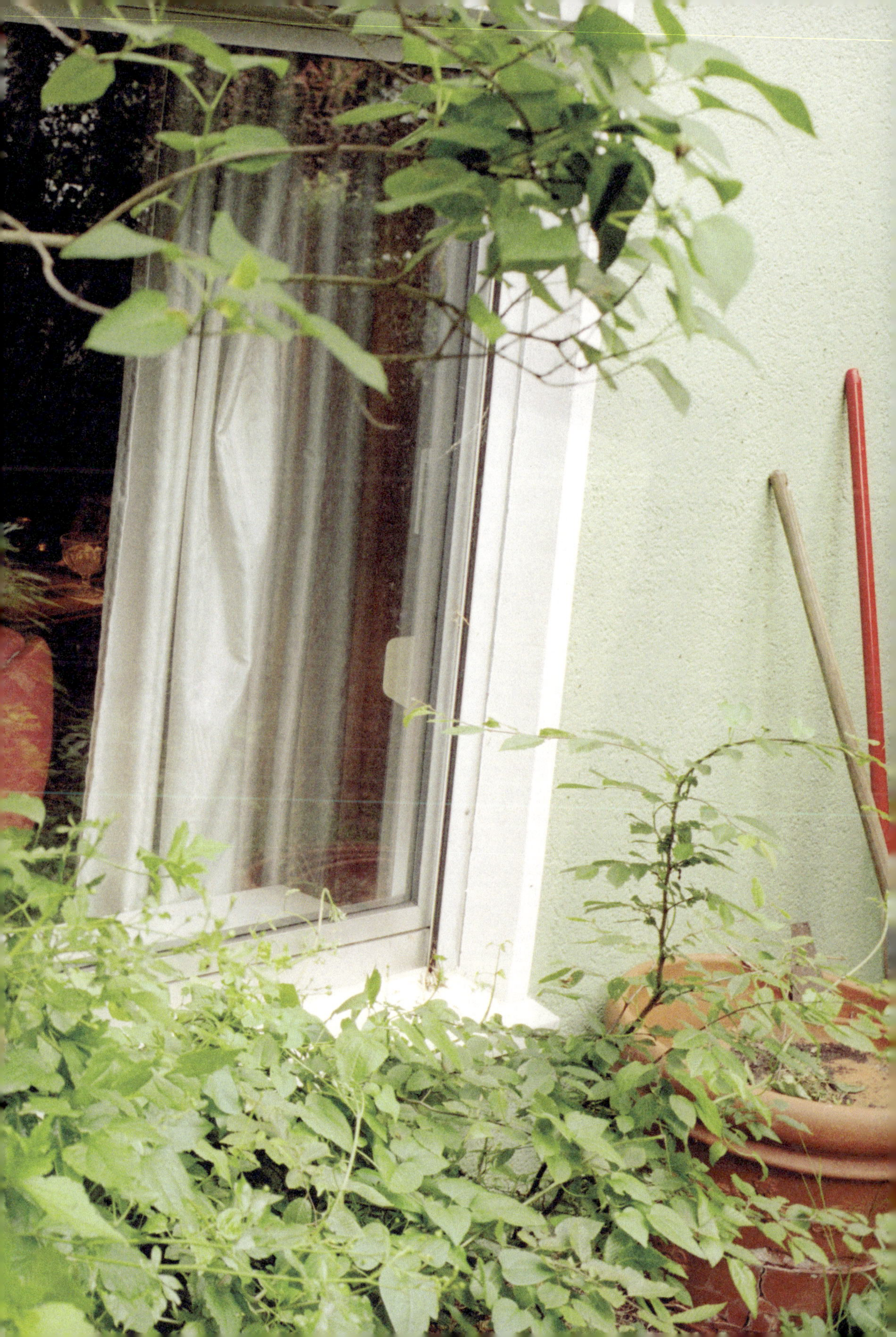

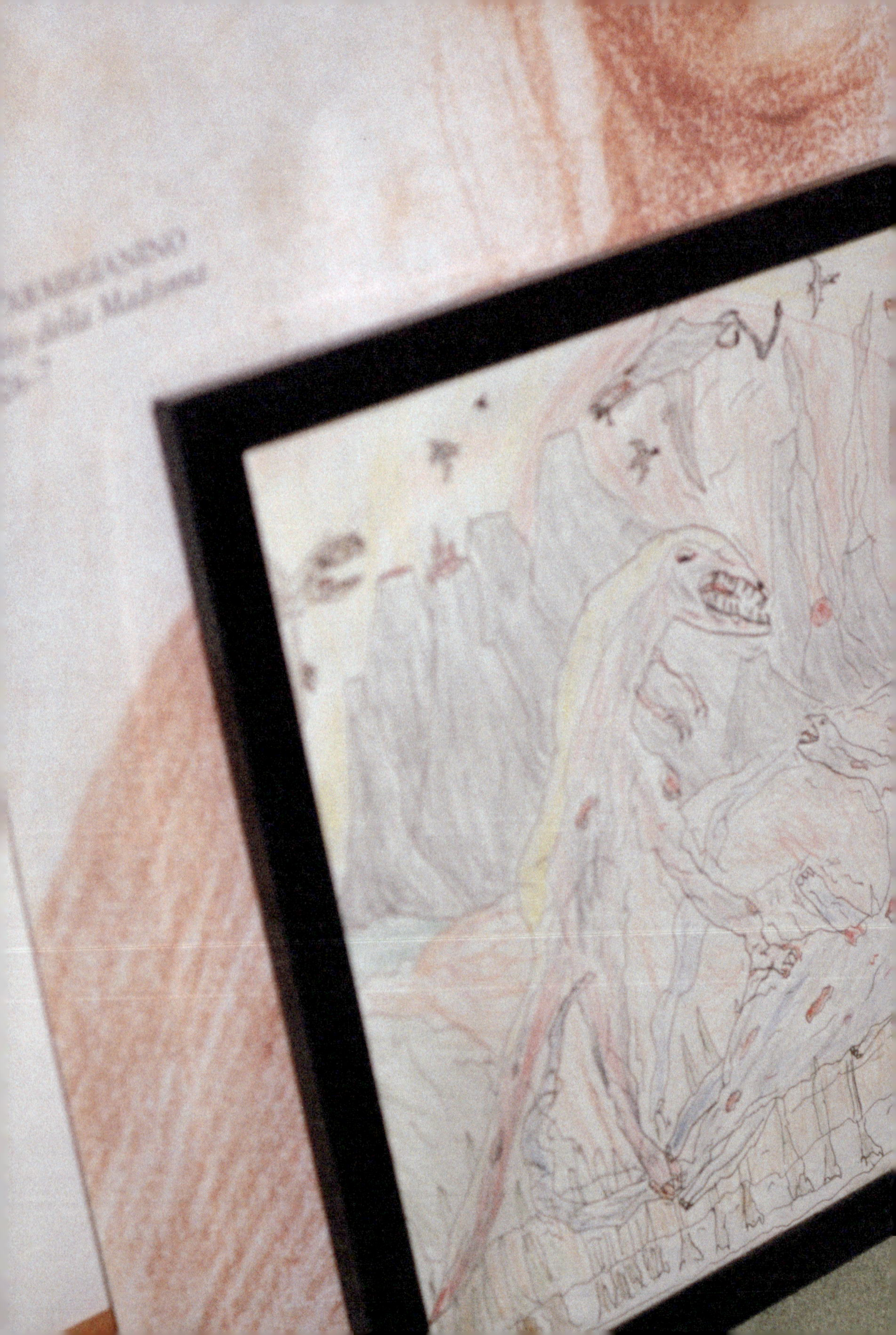

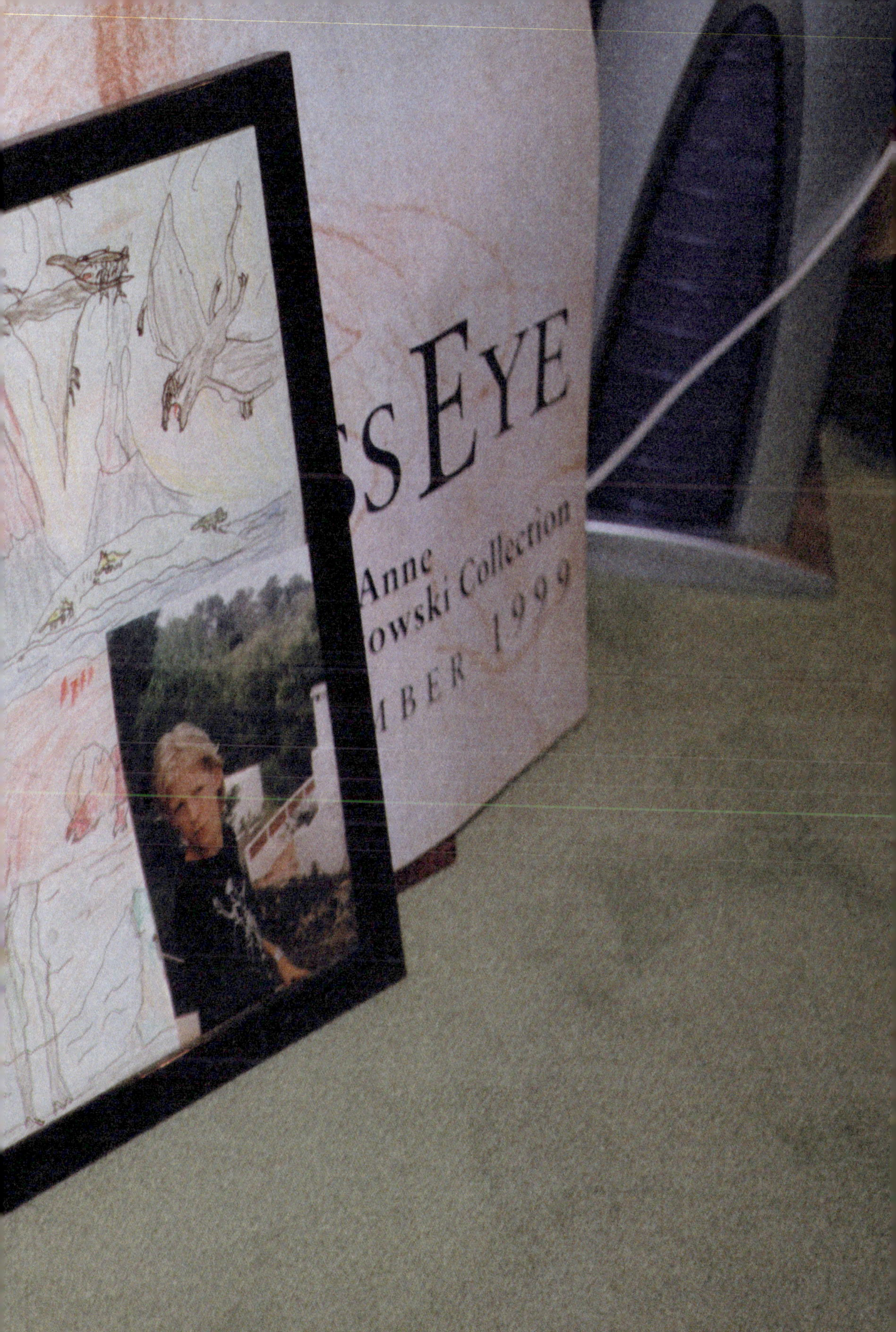
sEye
Anne
owski Collection
BER 1999

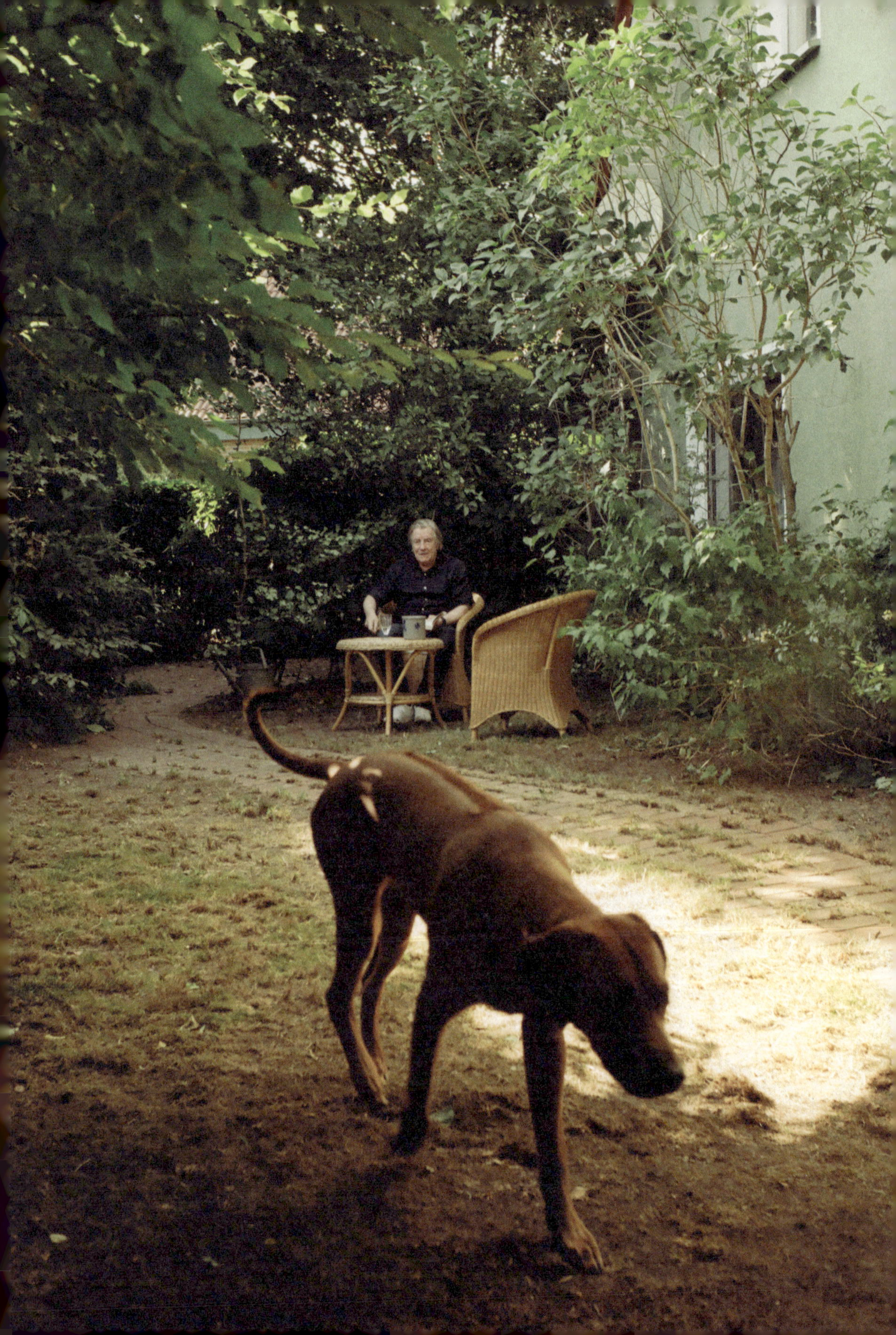

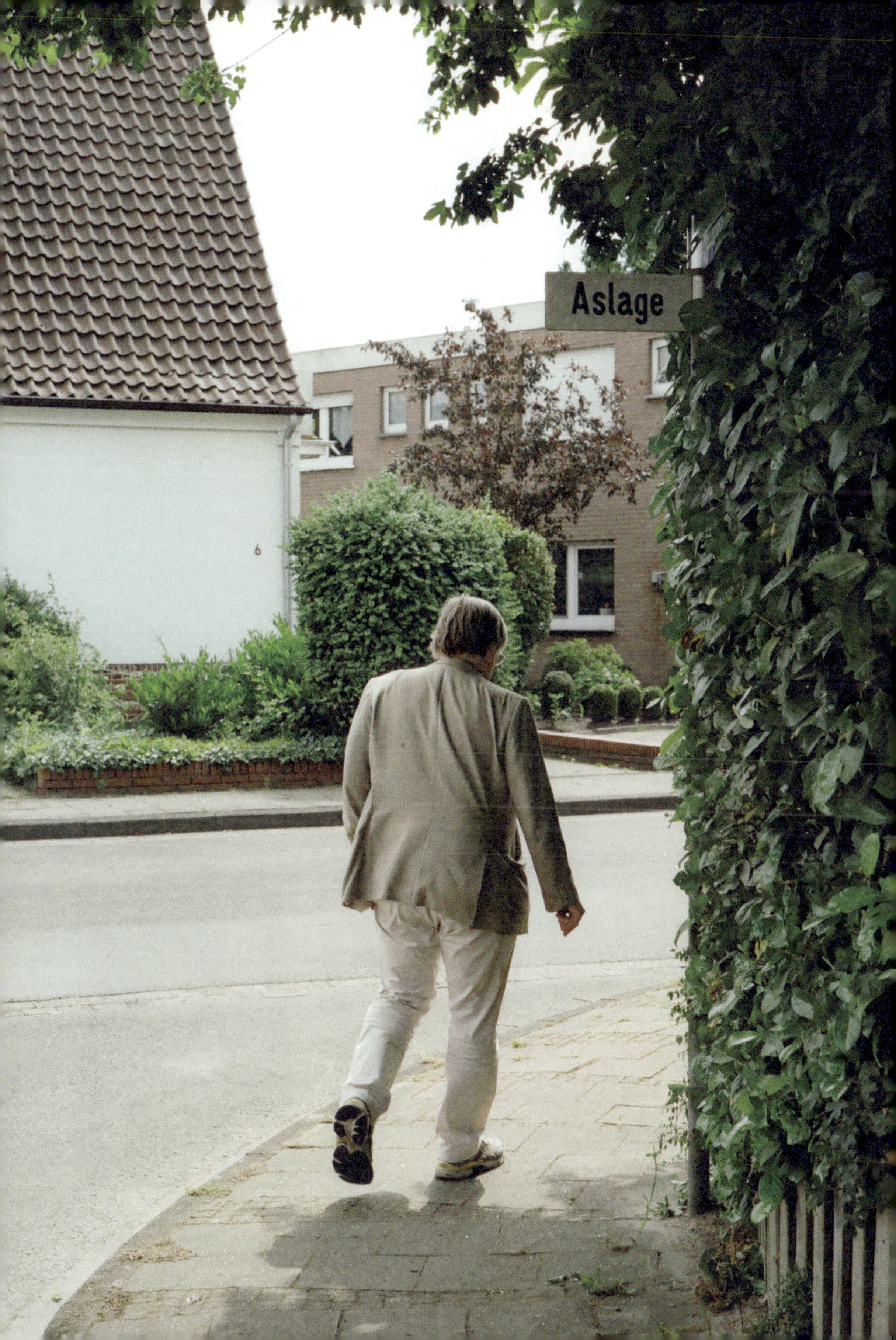
Aslage
6

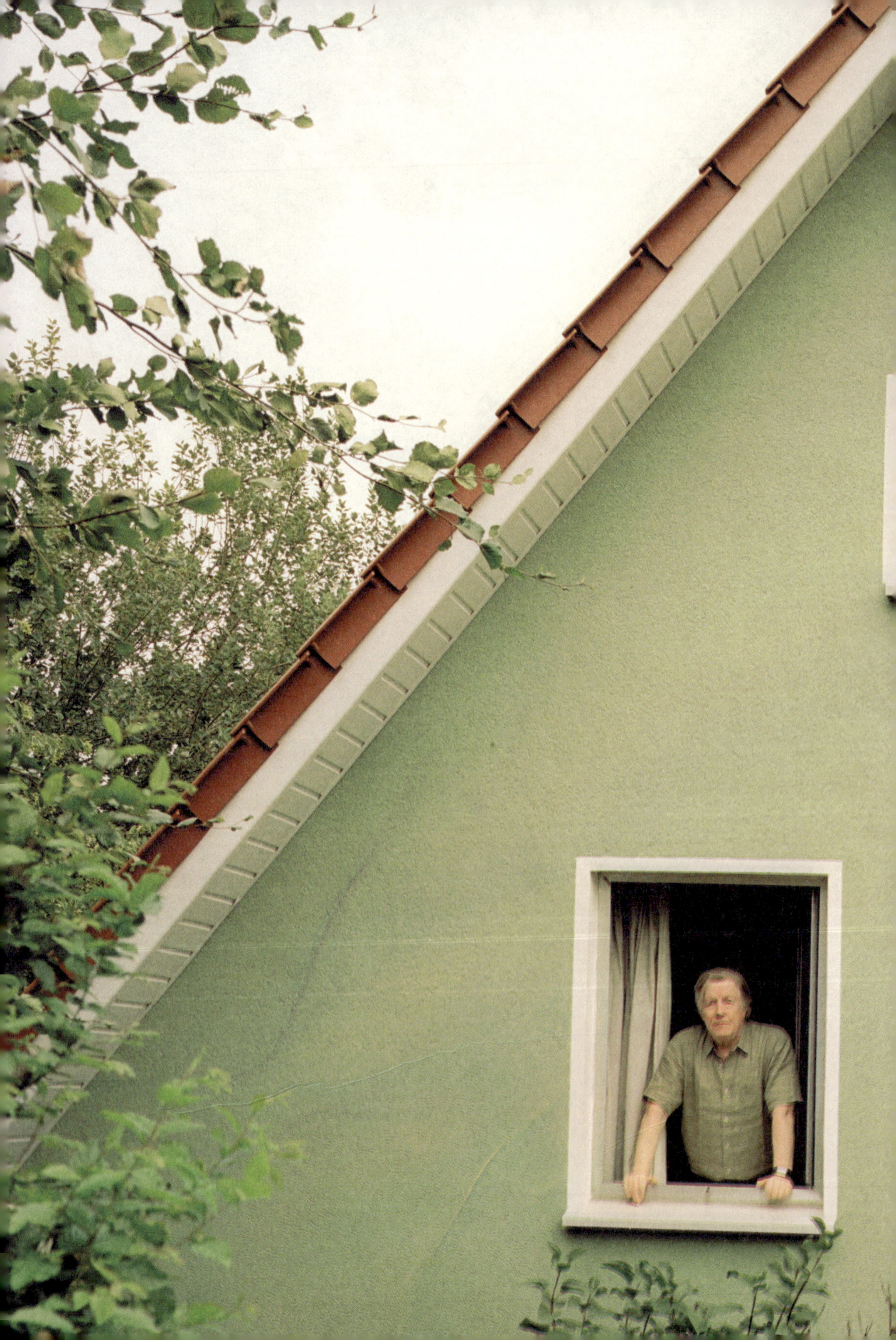

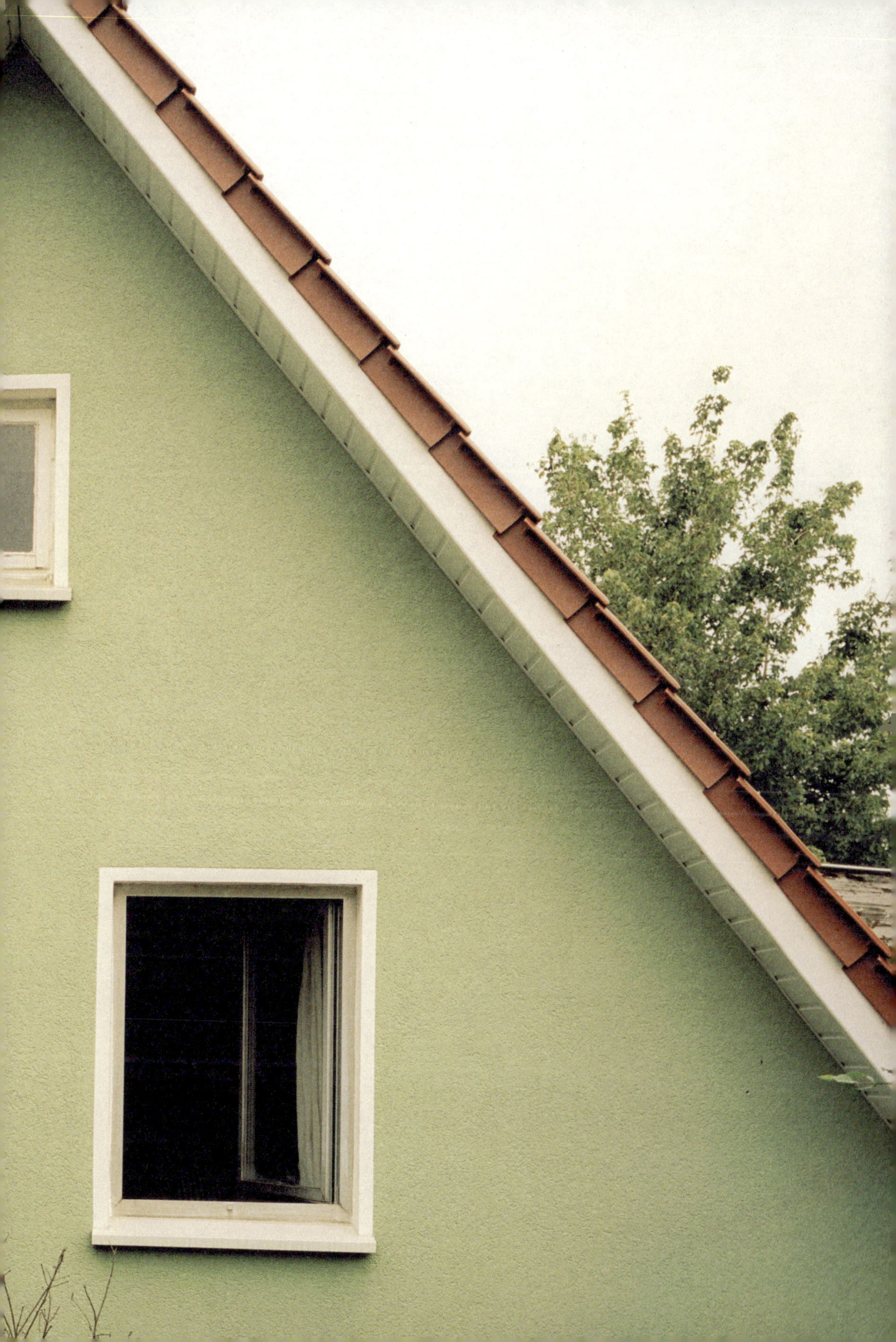

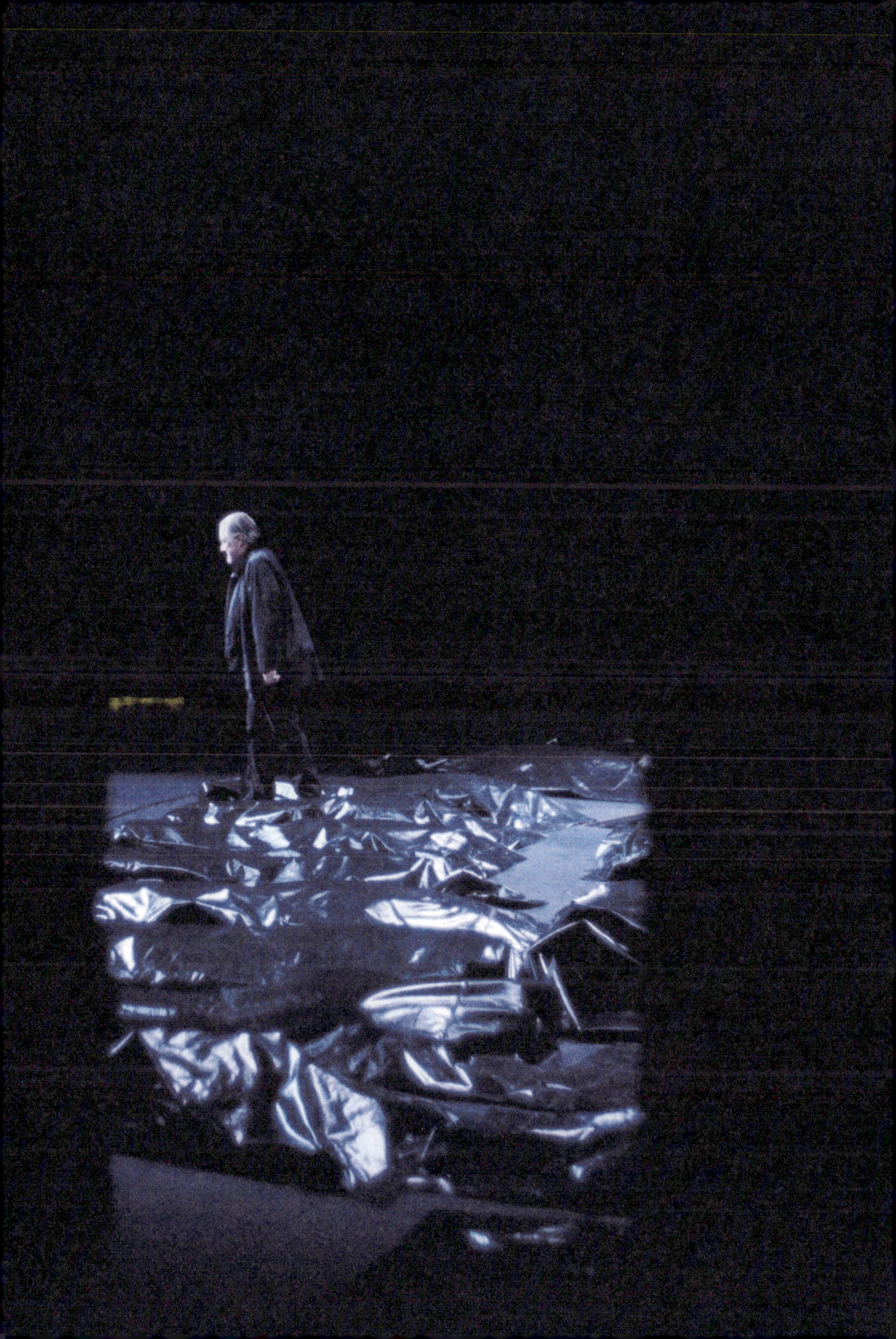

„The images, too, were a kind of expression but one incomparably more shy in its nature."

by Eckhart Nickel

The actor Manfred Zapatka entered the stage of my life in that ideal phase of absolute impressionability, when youthful heedlessness is blended with the first signs of intellectual melancholy. The piece in which I first witnessed his brilliant acting matched this state of tension like a fist in the eye. Because, in terms of sport, it was about „an inexplicable wrestling match between two men", as Bertolt Brecht wrote in the preface to „In the Jungle of Cities." It was the perfect play for a conspiratorial band of high school students who called themselves Stadtfräcke and went to the theater to witness the real life that was withheld from them everywhere else, at home or at school. Back then, we loved everything at the Schauspiel Frankfurt theatre, from the glassed-in foyer with its golden clouds by Hungarian artist Zoltán Kemény, to the theatre programmes designed like meticulously curated catalogs, to the bubbly served at intermission sipped while checking out the audience. We had an insatiable appetite for the dust motes that danced in the limelight illuminating the stage populated by actors who, if members of the ensemble, soon seemed as familiar as old friends seen again after a long absence – but back to „In the Jungle of the Cities". Two giants played against each other: Lambert Hamel as the lumber merchant Shlink, who portrayed the Malay as a subtle blend of Charlie Chan and Mephisto of Sichuan, and Manfred Zapatka, who played the public library book clerk George Garga in the manner of a broken poet – at first, „matter-of-fact and dry" as Brecht directs and later degenerating into a quick-tempered rogue who adopts increasingly brutal methods to win the battle – yet still, he loses. Brecht ascribes Garga with genius: „a certain superiority, childlike cynicism, nonchalance!" We also relished Zapatka's Garga because he perfectly embodied all that we sought to be. And in Chicago, like Brecht, we saw the quintessential city. „Which had recaptured its wildness, its darkness and its mysteries." Frankfurt was our Chicago. And everything, from the family to „religion, philosophy, art, smoking, intoxication" and work were mere means (moyens) to numb the feeling of isolation. „Man's fear of being alone" is so great that everything he does is done to distract „from his unspeakable abandonment on the planet, his miniscule significance." What young Bertolt Brecht noted in his diary from 1920-22 while writing the Jungle, we greedily latched onto while discussing the end of the play in the Theaterkeller Fundus directly in the city theatre. Why does Shlink win in the end against the point winner Garga by killing himself with poison, even though at the outset he merely wants to buy Garga's opinion of a book? When years later I began to marvel at the concrete poetry of casualness in the images of photographer Fabian Zapatka, it was like a feedback loop. The family name, which sounds as if it could be straight out of a speech bubble in a Tintin comic, immediately reminded me of evenings filled with the expansive presence of the actor in the playhouse, but the quality of the photographs went rather in the opposite direction: carefulness, mindfulness and innuendo. The images, too, were a kind of expression but one incomparably more shy in its nature. This impression deepened when first I met Fabian Zapatka in person, reporting together in print and photos on a Nobel Laureate Congress at Lake Constance. Yet it also makes perfect sense that the Zapatkas are father and son, for both are concerned metaphorically with the high art of expression and performance. In this book the two worlds of father and son merge in the most felicitous way: the theatrical world of the father, whom Fabian Zapatka accompanies in his final moments as an ensemble actor of the Residenztheater Munich – from make-up to the final curtain call – before capturing in a series of photographs the return to his parents' house in Cloppenburg. This coalesces with the photographic world of the son, who with his understated images illuminates en passant the many facets of his father's personality, a father who also now slowly begins to embody a still unknown leading role on the private stage of his existence. The famous line that he so nonchalantly uttered as Garga in the Jungle, might seem somewhat less credible from the mouth of the happy home comer: „The chaos is spent. It was the greatest time."

Text:
Eckhart Nickel

Gestaltung / Design:
Thomas Kartsolis

Übersetzung / Translation:
Tim Hanes

Bildredaktion / Picture Editor Süddeutsche Zeitung Magazin:
Ralf Zimmermann

Projektmanagement / Project Management, Kerber Verlag:
Lydia Fuchs

Herstellung / Production, Kerber Verlag:
Jens Bartneck

Filmentwicklung / Film Development:
citylab-berlin

Vielen Dank an / many thanks to:
die Redaktion des Magazins der Süddeutschen Zeitung. Meinen ganz besonderen Dank an Christoph Cadenbach, Timm Klotzek und Michael Ebert, daß sie diese Arbeit möglich gemacht haben. /
the editorial staff at Süddeutsche Zeitung Magazine. Very special thanks to Christoph Cadenbach, Timm Klotzek und Michael Ebert for making this work possible.

an die Leitung des Residenz Theaters München, unter der Intendanz Martin Kusej, besonders an Sabine Rüter für ihr Vertrauen und den freien Zugang zu allen Orten im Theater. /
the management at the Residenz Theater Munich, during the directorship of Martin Kusej, especially Sabine Rüter for her trust and excess to all areas of the theater.

Vielen Dank an meine Familie, Catherine, Annabelle und Fanny für die Unterstützung und Liebe. /
All my love to my family! Thanks for all your love and support Catherine, Annabelle and Fanny.

Gesamtherstellung / Printed and published by:
Kerber Verlag
Windelsbleicher Str. 166–170
33659 Bielefeld
Germany
+49 0521/9 50 08-10
+49 0521/9 50 08-88 (F)
info@kerberverlag.com
kerberverlag.com

***Kerber Publikationen werden weltweit vertrieben / Kerber publications are distributed worldwide*:**

ACC Art Books
Sandy Lane
Old Martlesham
Woodbridge, IP12 4SD
UK
+44 1394 38 99 50
+44 1394 38 99 99 (F)
accartbooks.com

Artbook | D.A.P.
75 Broad Street, Suite 630
New York, NY 10004
USA
+1 212 627 19 99
+1 212 627 94 84 (F)
artbook.com

AVA Verlagsauslieferung AG
Centralweg 16
8910 Affoltern am Albis
Switzerland
+41 44 762 42 50
+41 44 762 42 10 (F)
avainfo@ava.ch

KNV Zeitfracht
Verlagsauslieferung
kerber-verlag@knv-zeitfracht.de

Die Deutsche Nationalbibliothek verzeichnet diese Publikation in der Deutschen Nationalbibliografie: dnb.de. / The Deutsche Nationalbibliothek lists this publication in the Deutsche Nationalbibliografie: dnb.de.

ISBN 978-3-7356-0739-3
www.kerberverlag.com
Printed in Germany